佟先生教写议论文

佟世祥 著

清华大学出版社
北京

内容简介

本书结合作者 30 多年的教学经验，提出"跟古文大家学写作"的主张，以"起承转合"为行文章法，得议论文写作要旨。书中归纳了论点型、范围型、关系型、比喻型、时事评论类、人生事理类六种议论文题型，并结合高考真题和学生的优秀习作，从命题特点、审题立意和行文表达等方面讲授写作方法，选题和选文跨越省市，涵盖全国，具有普适性。全书以课堂实录的形式呈现，读书如临课堂，易学易记，生动不枯燥。

图书在版编目（CIP）数据

佟先生教写议论文 / 佟世祥著.—北京：清华大学出版社，2024.1
ISBN 978-7-302-65180-2

Ⅰ.①佟… Ⅱ.①佟… Ⅲ.①议论文—写作—中学—教学参考资料 Ⅳ.①G634.343

中国国家版本馆CIP数据核字（2024）第018848号

责任编辑：汪　操
封面设计：常雪影
责任校对：赵琳爽
责任印制：曹婉颖

出版发行：清华大学出版社
　　　　网　　　址：https://www.tup.com.cn, https://www.wqxuetang.com
　　　　地　　　址：北京清华大学学研大厦A座　　　邮　　编：100084
　　　　社　总　机：010-83470000　　　　　　　　邮　　购：010-62786544
　　　　投稿与读者服务：010-62776969, c-service@tup.tsinghua.edu.cn
　　　　质量反馈：010-62772015, zhiliang@tup.tsinghua.edu.cn
印　装　者：小森印刷霸州有限公司
经　　销：全国新华书店
开　　本：165mm×235mm　　　印　　张：13.25　　　字　　数：263千字
版　　次：2024年1月第1版　　　　　　　　　　　印　　次：2024年1月第1次印刷
定　　价：49.00元

产品编号：105130-01

【卷首语】

议论文，有理有据者也。

胸怀家国文始大，腹有诗书文自华。

学诗功夫在诗外，作文功夫在文外。

议论文写作，锤炼思维思想，为文关乎修齐治平。

文有定法，跟古文大家学写作；文无定法，因作者本人有个性。

——佟先生教学心语

简明扼要，深入浅出；循序渐进，举一反三；读写同步，学思相济；传道有文，教以致用。

——佟先生语文课堂教学要术

引 言

曹丕《典论·论文》云："盖文章，经国之大业，不朽之盛事。"学生作文，按照"凡著于竹帛者为文章"的说法，是可以列入文学之列的，所以，也是盛事。文以载道，建言树德。或阐述义理，或激浊扬清，或评论时务，或发表己见。既读书致用，又指点江山。写作是学业能力要求，更是自我教育提升的过程。学子借此表达思维思想，直通修齐治平。

文章是文心的表达。文品关乎人品，文章的格局气象，是作者格局气象的折射。先秦诸子、史圣司马迁、韩柳欧苏等文学大师，是写作楷模。后辈学子当秉承先贤经世致用、务去陈言的创作传统，胸怀家国，腹有诗书，写出文质兼美的文字。以下两篇发言稿详述此旨，谨供参阅。

胸怀家国文始大
——在 2018 年中国校园文学高峰论坛上的发言

我校语文组，让我在这个会上做个发言。那我就以语文教师的身份，仅从写作教学的角度，把我的一些观察、思考和做法说一说，以供借鉴。

在 2015 年第四届全国中小学写作高端论坛上，我讲过一节写作课，课题是"腹有诗词文自华"。大旨在传达写作与诗词修养的关系，积淀诗词，提升文采。今天，是从文章境界、气象上谈，题目为"胸怀家国文始大"。

大笔写大字，大手笔才能写出大文章，怎样才能让学生写出大境界、大气象的文章，是我一直思考的问题。这确实是个问题。

我们所处的时代，是一个具有多重身份、多种面貌的时代。可以说现在是一个信息爆炸、知识过剩的时代，也可以说是一个文化垃圾充斥的时代；可以说这是一个文化多元、出版繁荣的时代，当然也可以说是一个消解文字、形式超过内容的时代。曾经有过一个时期，英雄退役，崇高贬值，信仰缺失，小我盛行。世风影响文风，流风所及，在中学生写作中，也有此反映。比如，谁写理想是当英雄、当科学家，谁就虚伪、不切实际；谁写日常俗人、无聊琐事，谁就真实、贴近生活。谁写自我个别，谁有个性；谁写大我共性，谁就平庸。谁书写当下，谁接地气；谁歌颂传统，谁陈腐。近年来，这种文风虽有好转，但仍余波未息。当然，写自我，写琐事，写小心思、小感触、小情怀，也不是不行，有时也感人。但我只是觉得它们小，有些还是那种藏在皮袍下面的"小"。

"国家不幸诗家幸，赋到沧桑句便工。"的确，当我们的笔触写到江山草木、雪夕霜晨、蓝天黄土；当我们的目光触及国家前途、民族命运、民生疾苦；当我们把个人的痛苦欢乐、忧愁憧憬，与他人的生活、社会的发展、祖国的明天紧密相联，文章格局便为之一改，文风境界便为之一开，情调气象便为之一新。"一个作家不能使自己伟大起来，无论是描写自身的痛苦还是幸福。只有将自己的痛苦和幸福与全人类联系起来，他才能走向伟大。"契诃夫如是说。谁能够否认这种教诲呢？

"风月一天诗酒料，文章千古性灵花。"一天的风月是饮酒作诗的好材料，千百年来的文章是性灵开出来的花朵。有什么样的性灵，就开出什么样的花朵。麻雀鸣叫，雄鹰也鸣叫，唱的不是一支歌。基于这些考虑，我便从陶冶情操、培养性灵、开拓心野、壮大精神入手，引导学生走出小我，心存家国；跨越平俗，走向高尚；忘却卑琐，接近崇高；摒弃浮华，崇尚质朴。有如此性灵，方可写出具有阳刚美的文字，才有刚健质朴的中国校园文学。

2017 年 4 月 12 日，在海淀区作家协会的倡导下，在校领导的大力支持下，我校成立了文学社，文学社取名为"新生"。在成立大会上，我讲了下面这些话：

社名取自鲁迅先生弃医从文后筹办的第一本刊物《新生》，是新的生命的意思。我们以"新生"为名，其旨意是继承鲁迅先生的精神余脉，提倡"为人生"的文学。因为 80 多年过去了，我们的国民性的改造任务还远远没有完成，他所揭露的"国民性"依旧在今天的"看客"身上显现，他所抨击的"精神胜利法"仍在发酵。鲁迅的身影，从二十世纪走来，他还将走进下个世纪去。今日的中国青年更需要的还是鲁迅，而不是周作人。时下，由于种种政治、经济、历史主题的变奏，文学越来越边缘化、功利化、世俗化了。文学的天地生长出一丛丛的灌木与杂草，少见参天的大树。刚刚辞世的著名军旅文艺家阎肃生前曾说："我们也有'风花雪月'，但那'风'是'铁马秋风'，'花'是'战地黄花'，'雪'是'楼船夜雪'，'月'是'边关冷月'。"文学是人学，是为人性的，而我们更提倡"为人生"的文学，其中的原因显而易见。倡导有家国情怀、关注现实的刚健质朴的文风，是我们前进的方向！

"十七八女郎，执红牙板，歌'杨柳岸晓风残月'"，是一种美；"关西大汉，铜琵琶，铁绰板，唱'大江东去'"，也是一种美。愿我们校园文学的百花园中，多开出一丛丛雪莲寒梅，多挺出一棵棵木棉梧桐，那会是何等壮美的景象！

春天来了，东风劲吹。祝愿我们中国校园文学的园地，枝干挺拔，花团锦簇！

作者
2018 年 3 月

腹有诗书文自华
——在人大附中写作座谈会上的发言

就学生作文的评判而言，语言是第一评价标准。这话虽有些夸张，但却是真话、实情。因为阅卷人直接面对的是语言文字。语言有文采，是好文章的标准之一，也是阅卷者打高分的凭据。同等条件下，即使是偏题、跑题文，有文采的文章也多被阅卷人提一个档次打分。因此，文章有文采，这是师生共同的追求。

什么是有文采？

苏轼在《答谢民师书》一文中说："孔子曰：'言之不文，行而不远。'又曰：'辞达而已矣。'……辞至于能达，则文不可胜用矣。"这是大文豪苏轼的文采观。苏子以为，辞达意就有文采。我的理解是：辞达意即文与质合，即文章的表达形式与内容思想要相匹配。无论是叙写故事、抒发感情，还是发表议论、说明事物，文体选用和语言运用都要与表达的意思融洽。否则，就会出现文胜质——形式大于内容，或质胜文——内容大于形式的弊病。文与质合，当是学生作文追求文采的标准。

说得具体些，写说明性的文章，魏学洢的《核舟记》、沈括的《活版》、茅以昇的《中国石拱桥》、叶圣陶的《苏州园林》、法布尔的《蝉》是典范；写人记事类的文章，司马迁的《廉颇蔺相如列传》《鸿门宴》、鲁迅的《一件小事》、朱自清的《背影》、莫泊桑的《我的叔叔于勒》、欧·亨利的《警察和赞美诗》是典范；写景抒情类的文章，柳宗元的《永州八记》、郁达夫的《故都的秋》、茅盾的《风景谈》是典范；写议论类的文章，韩愈的《师说》、欧阳修的《五代史伶官传序》、苏洵的《六国论》、鲁迅的《拿来主义》、毛泽东的《改造我们的学习》是典范。这些文章辞与意合、文质兼美，是学生写作的标准和方向。有这些文章做基础、为底色，将它们深透理解，存入心中，就像巴金背诵《古文观止》，写作——立意谋篇和遣词造句——就有了规章，就不会"走形""变色"。"跟文章大家学写作"，这才是写作的正确方向和有效方法。

学生写作文最常见的毛病有二：一是辞不达意，二是以辞害意。辞不达意表现为用词不准确，用语不妥帖，不能精准表达出自己所要说的意思，就像射箭打靶，总偏离靶心，在七八、四五环上游动；以辞害意表现为喜欢用生僻的字眼、华丽的辞藻，借以凸显文采，导致文词虚浮，不能恰切、全面地表情达意、描摹事物。前者是语法修辞知识不够，后者是运用过当，文大于意。

怎样才能做到有文采呢？

根据我的教学经验，得到的方法是：首先要做到文从字顺，合乎语法。先把意思表达正确准确、清楚明白，不模糊含混，不似是而非。其次，要恰当运用修辞，把意思表达得生动形象、充分丰富。若要做到这两条，有效的方法就是读书。有些读者读到这句话恐怕会失望了，说"不过老生常谈"。是的，然而我要说，老生常谈的往往是真理，是经验，是千百年来、千百万人通过实践检验并证明是正确的结论。之所以常谈，是因为人们总是轻视它，忽略它。为了达到目的，人们往往热衷于采取劳有小获，甚至劳而无获的办法，比如：为求作文有文采，有人刻意使用比喻、夸张、拟人、对偶、排比等修辞方法，有的甚至模仿骈文格式写作。有识者见此大声疾呼，不厌其烦地屡屡疾呼，不是很自然吗？不能武断地说这种训练和做法不对，没有效果，但至少不能够模式化、程式化和普及推广，训练效果也有待检验。智慧的写作者会以"老生之谈"作为写作指南，落实到行动上，持之以恒。他们会抛弃急功近利的小技巧，取用读书积累的根本大法。

腹有诗书文自华，这是金科玉律。作为语文教师，我笃信杜甫的写作箴言"读书破万卷，下笔如有神。"我信奉程氏家塾之训"劳于读书，逸于作文。"关于"读书"的著述汗牛充栋，最简洁的表达在这里：

"读什么书？"答道："读文学经典。"

"怎样读书？"答道："读书要做笔记，并时时翻看成诵。"

腹有诗书。心中有了屈原、李白、杜甫、柳永、李清照、苏轼、辛弃疾、关汉卿、王实甫、孔尚任、洪昇，心中有了先秦诸子、史传文章、唐宋散文、明清小说，又兼有鲁迅、郭沫若、茅盾、老舍、巴金等，一个人的精神气质、人格品质也会随之改变，发言作文自有长进，如影随形，文气顿生。言为心声，作文是学生精神的折射。阅文即阅人，阅卷者通过文章对作者人品进行评阅。这样说来，文采又关乎人的精神风采。所以，我主张要读书。通过读书，改变学子的人文品质，同时，使语言表达改观，达到言之有文。

同学们不必忧虑读书没有效果，只要拿起书来，动起笔来，口念心诵，坚持不懈，功效自见。

作者

2022 年 5 月

目　录

第一讲

议论文写作纲要

【导语】议论文是实用性很强的文体之一，我们看《人民日报》《光明日报》《求是》等各大报刊，其中百分之六十以上是议论类文章。这种文体主要是澄清解决人们的思想问题，以利于生活、工作和学习。中学阶段，尤其是高中阶段，语文写作的主要任务，是能写一篇成熟的议论文。无论从应用还是应试上看，议论文写作都是必备能力。因此，从这一讲开始，我们讲议论文写作教程。

【讲授】首先，我们要知道什么是议论文。文学概论上的说法是：议论文是以议论为主要表达方式，通过摆事实、讲道理，直接表达作者的观点和主张的常用文体。简洁的定义在这里：议论文，有理有据者也。

写议论文要做到有理、有据，来论证自己的观点，使人信服。所谓有理，就是讲道理，分析其中的因果逻辑，以理服人，使人服膺。所谓有据，就是摆出事实，证明论点，事实胜于雄辩，使人相信。使人信服，读者就会认同你的观点，写作的目的也就达到了。

一、议论文定义

【板书】议论文，有理有据者也

有理——讲道理——以理服人——使人服膺

有据——摆事实——事实说话——使人相信

【讲授】俗话说："天下文章一大抄，看你会抄不会抄。"此话不无道理，但关键是向谁抄，怎么抄，即抄的艺术。我想起下面一段话：

以前在书店里常常可以看见有所谓《读书秘诀》《作文秘诀》之类的小册子，内容毫无价值，目的只是骗人。但是，有些读者贪图省力，不肯下苦工夫，一见有这些秘诀，满心欢喜，结果就不免上当……

历来真正做学问有成就的学者，都不懂得什么秘诀，你即便问他，他实在也说不出。

——马南邨《不要秘诀的秘诀》

写作无捷径。世上没有什么作文秘诀，但写作有正道。正道在哪里？在这里——古文大家的文章里。

我的主张是：跟古文大家学写作。

谁是古文大家？以唐宋八大家为代表的历代散文家，他们的文章，就是我们学习的范文。

二、跟古文大家学习行文章法

【讲授】跟古文大家学写作。高中课文里有两篇文章：韩愈《师说》和欧阳修《五代史伶官传序》。这两篇文章可作为行文章法的典范。

【板书】行文章法：起承转合

结构式一：

起：简洁入题　提出论点　　　　承：阐明道理　论述观点

转：联系实际　充分论证　　　　合：回应全篇　结语收合

【讲授】试将两文作结构分析。

师说

〔唐〕韩愈

【起】古之学者必有师。

【承】师者，所以传道受业解惑也。人非生而知之者，孰能无惑？惑而不从师，其为惑也，终不解矣。生乎吾前，其闻道也固先乎吾，吾从而师之；生乎吾后，其闻道也亦先乎吾，吾从而师之。吾师道也，夫庸知其年之先后生于吾乎？是故无贵无贱，无长无少，道之所存，师之所存也。

【转】嗟乎！师道之不传也久矣！欲人之无惑也难矣！古之圣人，其出人也远矣，犹且从师而问焉；今之众人，其下圣人也亦远矣，而耻学于师。是故圣益圣，愚益愚。圣人之所以为圣，愚人之所以为愚，其皆出于此乎？爱其子，择师而教之；于其身也，则耻师焉，惑矣。彼童子之师，授之书而习其句读者，非吾所谓传其道解其惑者也。句读之不知，惑之不解，或师焉，或不焉，小学而大遗，吾未见其明也。巫医乐师百工之人，不耻相师。士大夫之族，曰师曰弟子云者，则群聚而笑之。问之，则曰："彼与彼年相若也，道相似也，位卑则足羞，官盛则近谀。"呜呼！师道之不复，可知矣。巫医乐师百工之人，君子不齿，今其智乃反不能及，其可怪也欤！

圣人无常师。孔子师郯子、苌弘、师襄、老聃。郯子之徒，其贤不及孔子。孔子曰：三人行，则必有我师。是故弟子不必不如师，师不必贤于弟子，闻道有先后，术业有专攻，如是而已。

【合】李氏子蟠，年十七，好古文，六艺经传皆通习之，不拘于时，学于余。余嘉其能行古道，作《师说》以贻之。

【解析】韩愈《师说》一文：[起]开宗明义，提出论点——"古之学者必有师"。[承]论述分析，为什么古代求学的人一定要有老师。"人非生而知之者"，有惑而不从师，惑终不得解。那么，谁是老师呢？无论贵贱老少，道理存在的地方，就是老师存在的地方。道理讲得具体深入，以理服人。[转]联系实际，证明论点。采用对比法，如"古之圣人"与"今之众人"，"巫医乐师百工之人"与"士大夫之族"，进行正反论证，鲜明有力。又采用例证法，举"圣人无常师"这一无可辩驳的事例，雄辩证明求学的人都要从师这一观点，真实可信。[合]申明写作目的，收束全文。

【板书】结构式二：

起：简洁入题　提出论点　　　　承：联系实际　充分论证
转：阐明道理　论述观点　　　　合：回应全篇　结语收合

五代史伶官传序

[北宋] 欧阳修

【起】呜呼！盛衰之理，虽曰天命，岂非人事哉！原庄宗之所以得天下，与其所以失之者，可以知之矣。

【承】世言晋王之将终也，以三矢赐庄宗而告之曰："梁，吾仇也；燕王吾所立，契丹与吾约为兄弟，而皆背晋以归梁。此三者，吾遗恨也。与尔三矢，尔其无忘乃父之志！"庄宗受而藏之于庙。其后用兵，则遣从事以一少牢告庙，请其矢，盛以锦囊，负而前驱，及凯旋而纳之。

方其系燕父子以组，函梁君臣之首，入于太庙，还矢先王，而告以成功，其意气之盛，可谓壮哉！及仇雠已灭，天下已定，一夫夜呼，乱者四应，仓皇东出，未及见贼而士卒离散，君臣相顾，不知所归，至于誓天断发，泣下沾襟，何其衰也！

【转】岂得之难而失之易欤？抑本其成败之迹，而皆自于人欤？《书》曰："满招损，谦得益。"忧劳可以兴国，逸豫可以亡身，自然之理也。故方其盛也，举天下之豪杰，莫能与之争；及其衰也，数十伶人困之，而身死国灭，为天下笑。

【合】夫祸患常积于忽微，而智勇多困于所溺，岂独伶人也哉？

【解析】欧阳修《五代史伶官传序》一文：[起]用反问句简明提出论点——盛衰之理，由于人事。[承]列举庄宗得天下与失天下的历史事实，证明盛衰之理，在于人为的观点。[转]阐述观点，正反说理。忧劳兴国，逸豫亡身，是自然之理。[合]以反问句结束全篇，发人深思。

虽然这两篇文章与我们今天的议论文要求有差别，但本质无别。有理有据，起承转合，古今一也。此中有行文之法，需要掌握遵循。

【过渡】那么，写议论该怎样拟题、立意、谋篇呢？我们以一篇给材料作文为例，完成议论文写作规程的方法传授。

三、"起承转合"式思路结构讲析

📝【板书】*如何写规范的议论文*

[展示]作文题目：阅读下面的文字，根据要求作文。

德谟斯吞斯是古希腊的雄辩家，有人问他雄辩术的首要点是什么，他说："行动。"第二点呢？"行动。"第三点呢？"仍然是行动。"克雷洛夫说："现实是此岸，理想是彼岸，中间隔着湍急的河流，行动则是架在川上的桥梁。"

人有两种能力：思维和行动。没有达到自己的目标，往往不是思维能力不够，而是因为行动能力欠缺。

关于"行动"你有怎样的理解与思考，写一篇议论文。

【解题】就题目形式来说，这是给材料作文。给材料作文的第一步：精研材料，把握主旨。

【板书】审题立意：精研材料 把握主旨

【思问】这则材料的主旨是什么？

【解题】材料是关于"行动"的两则名言。一是古希腊的雄辩家对于雄辩术的首要点的回答，他接连三次强调"行动"，可知"行动"的重要作用。二是克雷洛夫关于现实与理想的见解，他认为"行动"才是实现理想的途径。综合两位名人关于"行动"的言论，不难看出"行动"的重要意义和价值。

【板书】行动使人成功 行动实现理想

【解题】材料的第二段，是在两则名言的基础上做进一步的引导和提示。将思维与行动并提，从反面强调"行动"的必要性，如果行动能力欠缺，就达不到目标。接着提出写作具体要求：关于"行动"写一篇议论文。

【板书】审题立意：根据主旨 确立观点

【解题】给材料作文的第二步：根据主旨，确立观点。基于以上分析，本题目的用意是让写作者就"行动"在实现想法、理想和达到目标中的作用发表议论。论点可以表述为：行动是实现理想的必由之路，行动使人达到自己的目标。命题指向非常明确，审题难度不大。

【过渡】审题立意完成后，就要谋篇行文了。首先是拟题。若要求题目自拟，那么，给自己的文章拟一个好题目就成为关键。我们以这则材料为例，进行拟题训练。

【板书】议论文拟题训练——题好一字文

【讲授】我们都有这样的阅读习惯和体会：拿到一本书或一本杂志，先看文章题目，哪个题目新颖而富有个性，我们就先读哪篇文章，一睹为快。几年前，我买来《读者》这本杂志，浏览目录，一篇题目为《汉语，我想对你哭》的文章吸引了我，出于职业的敏感，我推测文章内容与我的教学有关，就先看了这篇文章，作者笔名是北国骑士，内容我至今记忆犹新，这就是好题目的作用。

题目，顾名思义，题者，额也；目者，眼也。人美在眼睛，文美在标题，题好一半文。写作要求：给自己的文章拟一个简洁明确或有创意、有文采的题目。

📝【板书】拟题要求：拟一个简洁明确，或有创意、有文采的题目

[展示] 拟题集锦

（1）圆梦从行动开始　　　　　　　（2）梦想成真需行动

（3）"行"为贵　　　　　　　　　　（4）行动是金

（5）为梦想插上翅膀　　　　　　　（6）架起行动之桥

（7）心动不如行动　　　　　　　　（8）事行则立，不行则废

（9）用行动创造未来　　　　　　　（10）思想无涯，行动作舟

（11）理想诚宝贵，行动价更高　　　（12）欲善其事，必付诸行

（13）非行无以成其事　　　　　　　（14）非行无以立其业

（15）行动决定一切　　　　　　　　（16）我"行"故我成

（17）做行动的巨人　　　　　　　　（18）行动至上

（19）欲成此事要躬行　　　　　　　（20）理想是帆，行动作桨

（21）思而不行则怠　　　　　　　　（22）有行动才有成功

（23）百事之首是行动　　　　　　　（24）临渊羡鱼，退而结网

（25）成功请从行动始　　　　　　　（26）一千个"0"不如一个"1"

【归类】

（一）短语短句，直入正题

例：《圆梦从行动开始》《梦想成真需行动》等。

（二）使用整句，简明扼要

例：《思想无涯，行动作舟》《理想是帆，行动作桨》等。

（三）借助比喻，生动形象

例：《架起行动之桥》《为梦想插上翅膀》等。

（四）引用名句，增色生辉

例：《一千个"0"不如一个"1"》《临渊羡鱼，退而结网》等。

（五）化用名句，推陈出新

例：《理想诚宝贵，行动价更高》《事行则立，不行则废》等。

【过渡】实践出方法。从这些题目中，我们可以得出具体的拟题方法。

📝【板书】**怎样拟好议论文的题目**

（一）短语短句　直入正题

（二）使用整句　简明扼要

（三）借助比喻　生动形象

（四）引用名句　增色生辉

（五）化用名句　推陈出新

……

【解说】我发现，有的同学写作文，总是先写正文，后拟题目，考试情急之下，常常随意拟一个题目应付，甚至因为时间不够了，不拟题目。这些都是不该有的现象，属低级失误。有了拟题的方法指导和训练，拟题就不该再是一个难题了。同学们需要多多练习，形成能力。

【过渡】有了作文题目，就有了写作方向。下面讲文章的开头。

📝【板书】**起：简洁入题　提出论点**

【思问】怎样才能写一个好的开头呢？

【讲授】万事开头难，文章开笔难。有的同学写个开头就要用去十多分钟，这就用时过长了。古人写文章讲求"凤头"——简洁新颖，这是写作首段的基本原则。仍以前面的给材料作文为例，做具体讲解。

📝【板书】**（一）从命题材料入手　起笔自然**

[展示] 开头1

"行动"，对于求教雄辩术的人们，德谟斯吞斯这样回答。的确，临渊羡鱼，不如退而结网；望洋兴叹，何不扬帆起航？与其仰望梦想的光芒，不如以行动作为腾飞的翅膀。我们追求心中的理想，为之付诸行动必不可少。正所谓理想成真需行动。

【解说】从命题的材料入手，摘要引述，引入论题，进而提出观点：理想成真需行动。善假于材料，顺笔引出，是最省力的开笔方法。

📝【板书】（二）从人生事理入手　引人深思

[展示] 开头2

在浩瀚海洋上，罗盘辨明方向，船桨提供动力；在旷远原野上，北极星指引南北，双脚使我们前行；在成功征程上，思维决定道路，行动让我们前进。思维能力的不足仅仅会让我们走弯路，而行动能力的欠缺将使我们无法抵达目的地。因此，行动是成功的第一要义。

【解说】在浩瀚海洋上……在旷远原野上……在成功征程上……这是一般的人生事理。以此为引子导出论题，再提出自己的论点：行动是成功的第一要义。运用排比修辞，文辞流畅。

📝【板书】（三）从名言警句入手　释放积累

[展示] 开头3

荀子曰："道虽迩，不行不至；事虽小，不为不成。"朴素的语言道出了深刻的哲理。与其坐着空想，不如起来行动，脚踏实地地向自己的理想迈进。因此，凡有所作为者，不但具有崇高的理想与抱负，更是行动的巨人。

【解说】从名言警句入手，引出观点，是一种高明的开头方法。借助这一方法，可释放自己的文学积累，展现自己的知识面，从而赢得读者的赞赏。

📝【板书】（四）从现实生活入手　洞见世界

[展示] 开头4

生活中，胸怀远大理想的人不在少数，而能实现理想的成功者却寥寥无几。究其原因，是欠缺行动能力。纵观古今成大事者，无一不是善于行动、埋头苦干的实干家。行动才是通向理想峰巅的唯一桥梁。

【解说】思想的巨人，行动的矮子，生活中不乏其人，语切时弊。"文章合为时而著"，联系现实的文字更有吸引力。

📝【板书】（五）从疑难问题入手 引出论题

[展示] 开头5

面临选择，是把时间浪费在思忖犹豫中，还是果断行动？面对困境，是感伤自己的悲惨然后自怜，还是振作起来行动？面向成功，是费尽力气思考自己成功的原因，还是继续前行？在任何时候，都是行动最能使我们克服困难、继续前进。对个人来说，行动更能使我们构筑通往成功的桥梁。

【解说】面临选择、面对困境、面向成功，你会怎样？问题引领，提出论点：行动更能使我们构筑通往成功的桥梁。在社会生活中，我们会面临很多现实问题，包括社会问题和人生问题，直面问题，提出来，引起思索，正是写这篇议论文的真正意义。

【小结】大文章全凭起首。议论文的开头方法有很多，在此不一一列举，只介绍这五种常用的开头方法，以解决大家开笔难的问题。

📝【板书】承：阐明道理 论述观点

【讲授】议论文是以议论为主的文章，要讲道理，以理服人，这是根本。而讲道理又是学生容易忽视和难做好的。学生的通病是：不会说理，只是举例。于是，议论文就成了古今人物聚会。同学们的写作心理有着一个很大的误区，认为讲道理难，无从下手。其实，在现实生活中，我们每天都在进行着议论文写作思维的表达，只是它不够写成一篇文章罢了。例如，关于上学不迟到、听讲不走思、作业不打折、学生不可沉迷游戏、在家要听父母的话、在校要听老师的话、要树立远大理想等话题，老师多从正面讲述道理，力求以理使学生心服。而你作为学生，或许赞同，或许不完全赞同，还或许正处在叛逆期完全不赞同。我常看到有的同学陈述时理由甚丰，情绪激昂，慷慨陈词，滔滔不绝。有些讲得颇有道理，值得听取；也有些话偏激片面、不够客观，有矫情之嫌。不管怎样，都是在为自己陈述理由。这就是议论思维。只是这些事不足成章或不必成章而已。每个人每天都在运用着议论文写作的思维和表达，因此，对写议论文不用感到陌生，也不必畏惧。

议论文说理的思维公式是：为什么＋论点＝说理文段。

因果关系是议论文写作的核心逻辑。举例说明，为什么有志者事竟成？因为有志向的人拥有多种优秀品质，诸如目标专一有恒心，意志坚定有毅力，面对挫折不屈服……而无志者则缺点多多，诸如目标无定无恒心，意志薄弱半途废，面对失败易气馁……所以，有志者最终能够事业有成。同学们若把生活中的因果思维迁移到经世致用的议论文写作中，自然有理可讲，有话可说。

[展示]说理文段

哲人说："要迎着晨光实干，不要面对着晚霞幻想。"我想说，"梦想扬帆有方向"自是胸怀大志，"行动起航破风浪"方显务实本色。心中有梦想固然重要，但"想到"与"得到"之间隔着"做到"。只有行动，才能使梦想成真。

如果说梦想是头顶浩瀚璀璨的星空，那么行动就是脚下坚实沉稳的大地。开始行动是一种勇气，一种能够冲破枷锁斩断荆棘的魄力；坚持行动是一种修养，一种为人深沉内敛勇猛精进的态度；信仰行动是一种智慧，一种坚信天道酬勤自强不息的笃定。只有将心中的理想付诸实际，把心中的蓝图计入日程，用心中的规则主宰自身，才能不被一时的困难压倒，不因一时的失意而沮丧，在波涛汹涌的海域上劈波斩浪，在漆黑无边的夜色中瞭望灯塔，最终停泊在理想的彼岸。而那些只是空想却从不落实行动的人，列出计划却未曾付出努力的人，只能在虚无缥缈的幻想中作茧自缚，裹足不前。幻想是一种迷药，它给人一种成功唾手可得的幻觉，使人在自我陶醉的梦境中苟且偷安，饱食终日。

不光是个人，一个国家的治理和发展也需要务实的行动。除了高瞻远瞩的计划和前景壮丽的蓝图，还要有深入基层的实践、切合实际的革新和艰苦卓绝的奋斗。这样，才能在风云变幻的世界中奋然崛起，在东方立起雄狮般强大的民族。可见，扬梦想之帆，乘行动之船，于己可行稳致远，于国可复兴腾飞。

【解说】为什么只有行动，梦想才能成真呢？

因为从"想到"到"得到"，需要"做到"。只有付诸行动，才能将蓝图变为现实，最终停泊在理想的彼岸，这是正面说理。而那些只有空想却从不落实行动的人，只能止步不前，一无进展，这是反面说理。接下来，从个人拓展至国家，深入展开论述，阐明"行动"的重要作用，于个人可行稳致远，于国家可复兴腾飞。思路明晰，道理方正，分析充分。

有理，就要讲明道理——事理、情理、物理。有思想、有逻辑、会表达，就会理达人服。

【思问】有人问："说理角度不一，路径各异，有具体的方法吗？"

【讲授】回答说："有。"下面讲几种说理的方法，以资使用。

📝【板书】（一）正反说理　对比鲜明

〖例文1〗

行动是什么？是在理想笃定后迈步的果敢，表现为：纵使征途漫漫仍一往无前，即便前方横亘湍流险滩，仍乘风破浪驶向彼岸。如此，才能将理想的蓝图变为现实，呈现在世人眼前。懂得行动意义的人，多拥有明确的目标与坚定的信念，进而付诸行动，搭建通往彼岸的桥梁。懂得行动便能避免在未出发时毫无意义的纠结与迷茫，"万事开头难"，用行动迈出第一步，事已成半。在不断行动的过程中，也是在不断遇见未知的探索中，他们不断总结经验教训，丰盈自身的积淀，并以之更好地行动，形成良性循环。坚持不懈，着力行动，理想竟成。

反观那些不行动的人，他们或起初便没有清晰的目标，或在遥望之后畏惧了、退缩了、放弃了。高谈阔论，畅想未来，固然畅快，殊不知，唯有为之行动才展现其价值，空谈理想不行动，一切皆虚无缥缈。诚然，行动不一定成功，但不行动永远无法成功。正如古人云："道虽迩，不行不至；事虽小，不为不成。"不着眼于行动，事业无所进展，最终一事无成。

【解说】付诸行动，其利大矣，理想实现，事业成功；没有行动，其害大矣，理想落空，一事无成。正反说理是从正面、反面两个角度分析其价值意义、危害后果。通过对比，是非分明，善恶昭彰，道理明晰，逻辑严密。这是常用的一种说理方法，也是第一大法。重复一遍：此为第一大法。

📝【板书】（二）多角度分析　说理全面

〖例文 2〗

行动，即为达到目标所做出的实际行为或履行计划的实践。行动里有一种睿智，一种高于空想、"事虽小，不为不成"的远见与卓识；行动里有一股激情，一股不达目的不罢休、"路漫漫其修远兮，吾将上下而求索"的热忱与执着；行动里有一种勇气，一种敢于迈出第一步、"虽覆一篑，进，吾往也"的魄力与气概；行动里有一分力量，一分不为外物影响、不为艰难困苦阻挠、"锲而不舍，金石可镂"的强大与坚毅。只有行动，才能使我们向成功挺进，最终到达胜利的彼岸。

如果说，思维是仰望星空，那么行动就是脚踏实地。在仰望星空的同时脚踏实地，我们将离那似乎遥不可及的星辰大海越来越近。反之，只顾仰望星空而忘了脚下坚实的土地，我们将永远只能待在原地做着白日梦，却不知我们非但没有离那朝思暮想的星辰越来越近，反倒离它越来越远。可见，唯行动可以事成，不行动无以致远。

【解说】事物是复杂的，多层次、多侧面的。事理也是这样。从不同角度、层面分析思考，就能获得不同的认识，分析问题就能更全面深入。例如阐述"虚心使人进步"这个观点。"虚心"即不自以为是，能够接受别人的意见。那么，从不同角度思考，可以获得以下不同的认识。虚心能使人听取不同的意见，改进工作；虚心能使人丰富自己的学识，学有长进；虚心能提高个人修养，雅量高致……虚心的人有胸怀、有学养、有修养，能进步。此文段对"行动"做了多角度理解，行动里有一种睿智，一股激情，一种勇气，一分力量。既然有这样大的意义价值，我们就需要积极行动。第一自然段说理充足，论点成立。第二自然段是正反两个角度说理，一个"反之"将行动的益处与害处论得分明。此作为"正反说理，对比鲜明"这种方法的重复举例。因重要，故重复。

📝【板书】（三）层层推进　步步深入

〖例文 3〗

"行者知之成"，行动是一种不推延怠惰的勤勉，一种不迟疑踌躇的果决，一种不眼高手低的实干，一种不纸上谈兵的睿智。立人要重行动，将认识予以实践，不做夸夸其谈的道德家，争为施仁行义、成己达人的躬行者。立业要重行动，将计划予以落实，不做开完大会开小会的形式主义者，争为积极解决问题、让工作有实质进展的业务骨干。立国要重行动，将方针予以贯彻，不做碌碌无为的空想家，争为切实的社会主义建设者。相反，若驰于空想、骛于虚声，则人无作为，业难建立，国不振兴。可见，无论何时何地何事，行动都是有所建树的必要条件。

【解说】对论点的分析，可以按照由表及里、由浅入深、由低到高、由点到面的逻辑顺序，层层推进，步步深入，这样可以析理透彻，令人叹服。毛泽东同志的《反对自由主义》，首先提出我党与自由主义针锋相对的主张，然后分别从自由主义的表现、危害、根源、特征及性质诸方面加以分析论证，最后用"我们要用马克思主义的积极精神，克服消极的自由主义""这是思想战线的任务之一"作结。此文段从"立人"到"立业"再到"立国"，层层推进，论述行动的重要性、必要性。这种递进式展开，增强了说理力度。

【中结】议论的说理方法不止这三种，在具体文章中，其表现形式也变化多样。在写作中，这三种方法往往会综合使用，上面的例文1和例文2就是这样，不可拘囿。

需着重指出的是：说理议论，我们要做辩证分析，避免片面性。那么，怎样才能避免片面性呢？需要注意以下几点：

一是分析要全面。事物都有两面性，有时候只说一面，可能会引起误会，就还得说另一面。马南邨《不求甚解》一文，一方面指出，诸葛亮读书"观其大略"，比徐庶等人"务于精熟"高明，因为他"知识更广泛，了解问题更全面"；另一方面指出，"这也不是说，读书可以马马虎虎"，"观其大略同样需要认真读书，只是不死抠一字一句"，"不为某一局部而放弃了整体"。这样说就防止了片面性。鲁迅先生在《拿来主义》一文中，阐述"拿来主义"者对待文化遗产的态度："如果反对这宅子的旧主人，怕给他的东西染污了，徘徊不敢走进门，是孱头；勃然大怒，放一把火烧光，算是保存自己的清白，则是昏蛋。不过因为原是羡慕这宅子的旧主人的，而这回接受一切，欣欣然的蹩进卧室，大吸剩下的鸦片，那当然更是废物。'拿来主义'者是全不这样的。"这也是辩证地分析。

二是要避免静止地看问题。世界上没有一成不变的事物，如果用静止的、孤立的眼光看待事物，就不能认识它的本质和规律，分析起来就无法得出正确的结论。例如，"学习雷锋"这个口号，从提出到现在已经几十年了，在当前发展社会主义市场经济的情况下，怎样看待"雷锋精神"？如何发扬"雷锋精神"？这就需要我们深刻把握雷锋精神的时代内涵和实践要求，并付诸行动。

关于分析说理，到此先告一段落。

【板书】转：联系实际 充分论证

【过渡】有理——使人服；有据——使人信。下面我们主讲事实论证和事理论证，即例证和引证的写作方法。一般议论文，用得最多的是事实论证和事理论证，它们是写作议论文的基本功，我们应该好好学习，掌握它们。

【板书】（一）事实论证——例证

1. 论据的选择

要领：论点是选择论据的方向，是唯一的选择标准

【讲授】选择的事实论据必须具有典型意义，能够揭示事物本质，这样的论据才有说服力。有些同学写议论文，没有把握住观点和材料之间的关系，结果，选用的事实材料不能证明论点。论点是作者对议论的问题提出的见解和主张，需要论据来证明，论据是为论点服务的，它必须与论点保持一致。因此，论点是选择论据的方向。还以前面的给材料作文的论据为例：

[展示]论据集

（1）大禹；（2）郦道元；（3）运动员；（4）科学家；（5）"杂交水稻之父"袁隆平；（6）"汉字激光照排之父"王选；（7）自学成才者；（8）社会保安；（9）公交司机；（10）"中国天眼之父"南仁东；（11）铁路工人。

【解说】这些论据大致可分为三类。一类恰当，如大禹、郦道元、袁隆平、王选、南仁东。这些人都是行动派，是行动至上实现了自己的理想的人，与观点一致。二类可用，关键是怎样使用，如运动员、科学家、自学成才者。运动员取得专业成绩和科学家取得专项成果，不能只有梦想，也都需要付诸行动，只是说群体太笼统，落实到具体的人，如短跑名将苏炳添、科学家居里夫人和自学成才的数学家华罗庚，这样使用论据就恰切妥当。三类不恰当，如社会保安、公交司机、铁路工人，这些人以群体的形象出现更好一些，用单个人来证明行动能力和实现梦想的关系恐难有说服力。材料不能支撑观点，是写作大忌。

📝【板书】2. 论据的记叙

要领：叙述简洁　摆出事实

【讲授】议论文中事实材料的叙述要简明扼要，有时只要把能证明观点的那个部分扼要说清楚就行了。具体地叙述过程，是初写议论文的人容易犯的毛病，应该注意纠正。论据的记叙当力求简明概括，摆出事实即可。

【过渡】我们看论据记叙样例：

[展示]论据记叙例1：郦道元

郦道元初次发现古代地理书《水经》后，产生了为之作注的想法，为了完成《水经注》，他阅读相关书籍达400余种，并在交通不便、路途艰险的条件下，跋山涉水去到全国各地考察。最终，他不仅完成注解，还将更多地质信息增添到注释之中，完成了这部地理学巨著。

【解说】地理学家郦道元，因见《水经》而产生作注的想法，跋山涉水，笔耕不辍，完成三十多万字的地理学巨著，开创了古代写实地理学的先河，也开创了中国游记文学的先河。此论据典型恰当。由此，还可想起徐霞客……

[展示]论据记叙例2：梁家三代人

曾几何时，当川西洪雅天然林遭乱砍滥伐时，当原始森林滇金丝猴被恶意捕杀时，当可可西里藏羚羊生存环境每况愈下时……有人不以为意，有人呼吁声援。但是，将生态环保视作人生事业的梁从诫迅速行动起来，成立了中国第一个民间环保组织"自然之友"。他深知环境保护不能光想不做，唯有切实行动，才能拯救森林，拯救滇金丝猴与藏羚羊，进而拯救人类自身。他奔走于媒体与主管部门之间，宣传生态环境的重要性；他登上昆仑山口，亲手焚烧了收缴的近400张藏羚羊皮；他支持反盗猎队伍"野牦牛队"，为之筹款40万元。梁家三代人，梁启超为拯救危难中的国家而奔走呼号，梁思成为拯救面临消亡的传统建筑而奔走呼号，梁从诫为拯救世间万物赖以生存的自然环境而奔走呼号。

【解说】以梁从诫为主例，兼叙他的祖父梁启超、父亲梁思成。三代人都是志存高远的志士仁人，更为可贵的是，都身体力行、执着坚毅，为理想奋斗不止。此论据是钻石级的材料，真好！

[展示] 论据记叙例3：诺贝尔生理学或医学奖获得者屠呦呦

伟大的诺贝尔生理学或医学奖获得者屠呦呦是一名平凡的医药工作者。20世纪60年代，当屠呦呦看到无数劳苦大众死于疟疾时，她痛心不已，多少个黑夜辗转反侧。在被任命为中药抗疟科研组组长后，她规划蓝图，带领团队攻坚克难，数十年如一日，终于从中华古籍中得到启发，破解了难关，研发出青蒿素，在医学史上留下了浓墨重彩的一笔。

【解说】这是2016年"感动中国"人物屠呦呦的颁奖辞："青蒿一握，水二升，浸渍了千多年，直到你出现。为了一个使命，执着于千百次实验。萃取出古老文化的精华，深深植入当代世界，帮人类渡过一劫。呦呦鹿鸣，食野之蒿。今有嘉宾，德音孔昭。"

年度"感动中国"人物的事迹和颁奖辞都是很好的写作材料，你注意到了吗？注意到了，做摘抄积累了吗？这也是"心想"和"行动"的问题呀！本书《卷首语》云："为文关乎修齐治平"，作文的过程，也是养成好的行为习惯的过程。修心修身，其意在此。

[展示] 论据记叙例4："探界者"钟扬

如今，全国以至于全世界都高举"环保"大旗，多少专家学者对全球变暖、物种灭绝等话题指手画脚，谈天说地，却无实质贡献。而钟扬却迈开双腿，义无反顾地登上青藏高原，每年有100多天在最偏远、最荒凉、最艰苦的地域穿梭。他带领团队收集4000万颗种子，盘点了世界屋脊的生物"家底"。

在生物多样性不断遭到破坏的当下，为人类建了一艘种子的"诺亚方舟"。他用行动告诉人们："世界上有多少玲珑的花儿，出没于雕梁画栋；唯有那孤傲的藏波罗花，在高山砾石间绽放。"钟扬拒绝做出入雕梁画栋感叹植物消逝的人，不愿做对着话筒高呼呐喊保护植物的人。他用行动保护藏区濒危植物，用一生诠释"行动者成"。

【解说】这是2018年"感动中国"人物钟扬的颁奖辞："超越海拔六千米，抵达植物生长的最高极限，跋涉十六年，把论文写满高原。倒下的时候双肩包里藏着你的初心、誓言和未了的心愿。你热爱的藏波罗花，不屑于雕梁画栋，只绽放在高山砾石之间。"再次引用颁奖辞，意在强调其重要性。

［展示］论据记叙例5："扶贫之花"黄文秀

脱贫光靠想是没用的，就得实实在在行动。黄文秀硕士毕业后，作为选调生回乡工作，面对崎岖山路、贫困难题，她多次挨家挨户走访，有时还去田里帮贫困户干农活、扫院子。她还多次请专家规划改进种植方法，逐户宣传发动，用行动赢得了村民们的信任与爱戴。历来脱贫成为难题，皆因为只愿用嘴说不愿用手干，思想不切实际，方法落实不够。黄文秀与村民同甘苦，用实际行动整治贫困，成果丰硕。驻村满一年那天，她的汽车里程数已增加了两万五千公里，这是她一步步走出来的长征路。在她任期内，103户贫困户中88户顺利脱贫，这是她用行动筑起来的丰碑。

【解说】这是2019年"感动中国"人物黄文秀的颁奖辞："有些人从山里走了，就不再回来；你从城里回来，却再没有离开。来的时候惴惴，怕自己不够勇敢；走的时候匆匆，留下最美的韶华。百色的大山，你是最美的朝霞；脱贫的战场，你是醒目的黄花。"

第三次引用颁奖辞，其用意不言而喻。

【思问】这是一个事实材料的记叙。若写作时拥有多个材料，该怎样表达呢？

【讲授】这个问题提得好。若拥有的材料多，可以将其按一定的逻辑顺序排列起来，综合使用，我们姑且称之为"综合排比论据"。这种表达，古文大家常用。我指导学生行文使用排比论据，也是从古代散文家那里学来的。我以为，最经典的排比论据在西汉司马迁《报任安书》这封书信中：

> 古者富贵而名摩灭，不可胜记，唯倜傥非常之人称焉。盖文王拘而演《周易》；仲尼厄而作《春秋》；屈原放逐，乃赋《离骚》；左丘失明，厥有《国语》；孙子膑脚，《兵法》修列；不韦迁蜀，世传《吕览》；韩非囚秦，《说难》《孤愤》；《诗》三百篇，大底圣贤发愤之所为作也。此人皆意有所郁结，不得通其道，故述往事，思来者。乃如左丘无目，孙子断足，终不可用，退而论书策，以舒其愤，思垂空文以自见。

> 仆窃不逊，近自托于无能之辞，网罗天下放失旧闻，略考其行事，综其终始，稽其成败兴坏之纪，上计轩辕，下至于兹，为十表，本纪十二，书八章，世家三十，列传七十，凡百三十篇。亦欲以究天人之际，通古今之变，成一家之言。

——选自司马迁《报任安书》

【讲授】语势源于气势，文采源于情采。真精彩！第一次读到这封信的时候，我被司马迁渊博的学识、精彩的表达、真挚的情感深深震撼，因喜欢而成诵，至今倒背如流。只有深入心灵的东西，才能致用，这是我的体会。基于此，我便将这种方法迁移到议论文写作的训练中。

[展示] 综合排比论据

〖文段1〗古往今来的成功者，无不是勇于行动的实践者。世界著名的快餐店之一——肯德基，其创始人是美国一位六十多岁的退休老人。当他拿到退休金的时候，没有去安度晚年，而是认为自己的事业才刚刚开始。于是他付诸行动，惨淡经营，终于取得令人瞩目的业绩。还有一位美国老妇人，在六十岁生日那天，发现自己从未攀登过一座名山，于是在制定了简短的计划后，便开始了她的登山旅程。前不久，这位年过九旬的老妇人还成功地登上了富士山，创造了新的纪录。还有一位美国老人七十岁学画，九十岁办画展，名扬海外。

〖文段2〗纵观古今中外，能成事者，皆由行动得之。古有李时珍，走千岭，尝百草，终成《本草纲目》，救世人于膏肓，成中华之药圣；今有袁隆平，踏水田，育千株，研发杂交水稻，看稻菽千重浪，谋国家之富盛；国外有爱迪生，试千材，验万料，发明电灯电影，绽白光于长夜，亮万家之灯火。若为空想者，无百草之尝、千株之育、万材之试，绝无成就之取得。故唯有行动，思维得以彰显，理想得以实现。

【小结】写议论文运用综合排比论据，材料充分，语势强劲，能增强表达气势和论证力度。经营文章的亮点，此为其一。因此，我建议行文用综合排比论据。

【过渡】讲完论据的记叙，我们学习论据的分析。

📝【板书】3. 论据的分析

【传授】记叙论据后，能够及时地与论点联系起来，对论据进行具体深入的分析，是写议论文成熟的标志之一。这也是古文家写作的规则，有文为证：

荆人欲袭宋，使人先表澭水。澭水暴益，荆人弗知，循表而夜涉，溺死者千有余人，军惊而坏都舍。向其先表之时可导也，今水已变而益多矣，荆人尚犹循表而导之，此其所以败也。今世之主，法先王之法也，有似于此。其时已与先王之法亏矣，而曰"此先王之法也"，而法之以为治，岂不悲哉！故治国无法则乱，守法而弗变则悖，悖乱不可以持国……

……

楚人有涉江者，其剑自舟中坠于水，遽契其舟曰："是吾剑之所从坠。"舟止，从其所契者入水求之。舟已行矣，而剑不行，求剑若此，不亦惑乎？以故法为其国与此同。时已徙矣，而法不徙，以此为治，岂不难哉！

有过于江上者，见人方引婴儿而欲投之江中，婴儿啼，人问其故，曰："此其父善游。"其父虽善游，其子岂遽善游哉？以此任物，亦必悖矣。荆国之为政，有似于此。

——节选自《吕氏春秋·察今》

【讲授】《察今》一文，讲的是要明察当今的实际情况。论点是：世易时移，变法宜矣。

首先，作者先讲了一个"循表夜涉"的故事：楚国人想要偷袭宋国，依据事先做好的标志渡河。澭水暴涨，楚国人不知道，还按标记渡河，淹死一千多人。紧接着，对材料进行分析："向其先表之时可导也，今水已变而益多矣，荆人尚犹循表而导之，此其所以败也。"再扣合论点深入论证：当世君主效法先王的法令制度来治理国家，是可悲的。进而得出"守法而弗变则悖"的结论，令人深信不疑。

第二则寓言故事是同学们熟悉的刻舟求剑。故事叙述完，进行具体分析：船已行走了，可是剑还停在那里，像这样寻找剑，不是太糊涂了吗？再紧扣论点分析：时代已经变化了，可法令制度没有变，用旧的法令制度来治理当今的国家，难道不困难呢？

第三则故事是引婴投江，理由是孩子的父亲善于游泳。孩子的父亲善于游泳，他的孩子就一定善于游泳吗？用这种思想方法处理事情，也必然是荒谬的。

我们一定要时时提醒自己：使用事实论据的目的是证明论点。对论据具体分析，要紧扣论点来进行，分析得透彻，论据才更具说服力。《察今》一文的论据分析是很好的范例，谨记：跟古文大家学习写作，不学旁门左道。

[展示] 论据分析例 1：郦道元

……若无行动，光凭想象怎可完成这样一部叙述详细、科学性与文学性并茂的著作？正所谓，行动是理想最高贵的表达。唯有行动方可成就事业，点亮人生。

【解说】记叙内容是郦道元著《水经注》的事实，分析内容是强调"行动"对于取得成就的重要作用。这样一分析，就能使论据紧密地与论点相勾连，并证明论点了。

[展示] 论据分析例 2：梁家三代人

……我不敢想象，当公车上书只停留在想象上，当传统城市建筑无声地消亡，被记忆遗忘，当生态文明建设止于"规划"一张，历史会是怎样？世界会是怎样？正是这些将家国情怀融入自我理想的人，矢志不渝地将理想化为行动，用学识、智慧和努力，拉近了理想与现实那看似可望而不可即的距离，使我们看到了社会的发展与进步。

[展示]论据分析例3：综合排比论据文段1

……试想，如果三位老人缺乏行动的勇气，那他们的生命在晚年就绝不会焕发出夺目的光辉。"一千个'0'比不上一个'1'"，"梦里走了许多路，可醒来依旧在床上"。心动不如行动，付诸行动，才能使梦想成真，才能证明自身的价值。用事实说话才是生命的最强音。

【解说】这三段文字都运用了常见的"正承""反转"的分析材料的方法。"正是这些……"从正面分析推论，佐证论点；"试想，如果没有……"从反面推断分析，强化论点。材料分析揭示了材料的论证意义，显示了材料的论证力量。

【小结】要之，事实论证——例证，就是用典型事例作为论据来证明论点的方法，也就是"摆事实"，这是写议论文最重要的论证方法。

【过渡】风行水流。下面讲授另一种论证方法——事理论证，即引证。

📝【板书】(二)事理论证——引证

包括古今中外的经典著作和名人名家的言论

【讲授】事理论证——引证，是用已知认的道理、原则作论据来证明个别性的论点。引证常常表现为引用经典性言论，如马克思、恩格斯、列宁、毛泽东等伟大导师，柏拉图、苏格拉底、康德、黑格尔、亚里士多德等思想家的有关论述，或鲁迅、托尔斯泰、雨果、歌德等文学家的言论，作为自己立论的根据。除此以外，公认的原则、公理、格言、成语、俗谚等，也都可以用来作为立论的根据。

【过渡】事实论证——例证，事理论证——引证，是写议论文重要的也是常用的论证方法。我们常常看到这样的作文：首段提出论点，中间摆出几个事例，尾段小结，这样的文章即使观点是明确的，所举事例是恰当的，结构也完整，但人们读后往往觉得道理讲得不透，内容贫乏单调，论证显得苍白无力，这是为什么？除了论述说理不充分外，还有一个重要原因，就是没有学会运用多种论证方法。

📝【板书】论证方法：1. 对比法　2. 喻证法　3. 引申法

【讲授】下面逐一进行讲解。

对比法，就是运用正反对比的方法来论证的方法。例如《纳谏与止谤》中，通篇都使用对比法，把虚心纳谏的齐威王和粗暴止谤的周厉王进行对比，古人与今人进行对比，纳谏与止谤的结果进行对比，给人以深刻的印象，产生了强烈的效果。

喻证法，就是运用形象的比喻来证明论点的方法。例如《拿来主义》中，用一所大宅子比喻文化遗产，用"孱头""昏蛋"和"废物"比喻对文化遗产持完全错误态度的三种人，再用"鱼翅""鸦片""烟具"和"姨太太"比喻文化遗产中的精华、糟粕以及各种复杂的情况，来论证自己的观点。运用喻证法，道理讲得通俗形象，容易让人接受，有一定的感染力。我们使用时要注意贴切、恰当。

引申法，也叫归谬法，是由反面论点引出错误结论来说明道理的方法。就是先假设对方的错误论断是"正确"的，然后从对方的论断中导出一个荒谬的结论来，从而证明对方的论断是不成立的。这种方法多用于驳论文章，例如有些人打着"反对崇洋媚外"的旗号，不分好的坏的，凡是外国的一概排斥。在反驳的时候，就可以这样写："过去，我们点油灯，现在用电灯。电是外国人发明的，如果认为它是外国人发明的就不能用，是不是现在要把电灯废除，仍去点油灯？"这类人的反动观点一经这样引申推论，就充分地暴露出它的荒谬可笑，不攻自破。

在学习使用多种论证方法时，要明确任何方法都是为内容服务的。我们写作文时不能先确定运用什么论证方法，而后再搜集材料、确定论点、选择论据。一般说来，是首先形成文章的观点，而后在构思怎样去论证这个观点并搜集材料、选择论据的过程中，再综合思考运用哪些论证方法。运用多种论证方法的目的，绝不是仅仅使文章形式花样翻新，而是力求论证得比较充分，道理说得明晰透彻。总之，论点、论据和论证方法是统一的整体，是不能割裂开来的。

【中结】联系实际，充分论证。事实胜于雄辩，事理公众认可。这部分是以例证、引证为主，同时，结合具体内容，综合运用多种论证方法，使论点树立起来，令人笃信不疑。

【板书】合：回应全篇 结语收合

【讲授】古人写文章讲求"豹尾"——简洁有力，是写作尾段的基本原则。仍以前面的给材料作文为例，做具体讲解。

【板书】常见结尾方法：（一）联系材料 表达主旨

[展示]理想之花，失去行动，只会留下落英满地，落得一声叹息；憧憬之舟，失去行动，只会留下搁浅的身影，空余悔恨感喟。日月如梭，人生几何？请立即出发，让我们的人生多一些精彩，少一些遗憾。

【解说】此结尾扣合文题材料，表达主旨，自然收合。

【板书】（二）联系实际 揭示意义

[展示]古之贤人，其志也远，其行也坚；今之众人，其志亦远，然其行也常废而止。敏于思而惰于行，其业欲成，可得闻乎？人行于世，思维力指定天的高度，而行动力则决定地的宽度。尚"行"，架起一座通往理想苍穹的天梯。

【解说】联系现实接地气，最容易引起读者的共鸣，我欣赏这种结尾方法。

【板书】（三）运用名言 顺理成章

[展示]荀子说："道虽迩，不行不至；事虽小，不为不成。"若无行动，凌云壮志不过是水月镜花，黄粱一梦；只有行动，才能紧紧抓住梦想的翅膀，让它带我们飞向长空。君子以行言，小人以舌言。让我们以行动为半径，勾勒出完满的君子人生。

[展示]我们要以朱自清先生的话共勉："从此我不再仰脸看青天，不再低头看白水，只谨慎着我双双的脚步，我要一步一步踏在泥土上，打上深深的脚印！"

【解说】两个结尾段均引用名言，诚善假于名言者也。紧扣论点，收束全文。

【板书】（四）升华事理　收束全文

［展示］"人"字，一撇一捺。一撇是思维，而一捺是行动。思维可以决定"人"的高度，但是，如果没有行动的支撑，人就无法站立。我们要拥有并增强行动的能力，将我们自己的"人"字写好，成为大人。

【解说】结尾若能升华出人生事理，会使文章的思想内涵深刻一些，落笔显得更沉稳。这需要点儿思想功力。

【板书】（五）解决问题　指明方向

［展示］让我们行动起来吧！去将"今日事"完成好，去把"明日事"规划全。放下空想，放下说而不做、思而不行的不良习惯，将有限的青春化为无限的希望！请相信：唯有行动，方可成事。

【解说】引论—本论—结论，是议论的基本思路。结论就是要解决问题，是常使用的结尾方式。

【板书】（六）提出希望　发出号召

［展示］陶渊明诗云："盛年不重来，一日难再晨。及时当勉励，岁月不待人。"只有踏破铁鞋，才能求得真经；只有付诸行动，才能结出正果。青年朋友们，让我们积极行动起来，争做行动的巨人。这样，我们的事业就能兴旺发达。

【解说】以"呼告"收束全文，以"主人翁"精神，表明心志。呼吁行动起来，不虚掷青春。

【小结】好文章重在收束。结尾要斩截不拖沓，明确有力。这是常见的几种结尾方法，不求全面，谨资借鉴。

四、优秀作文例析

【过渡】按照"起承转合"的议论文写作思路和结构行文，整篇文章呈现出怎样的面貌呢？请看学生习作：

［展示］作文题目：以"美"为论题，写一篇议论文。

〖学生习作1〗

君子爱美　美之有道

（起）爱美之心人皆有之，然而美的方法，却是仁者见仁，智者见智，美的层次也有高下之分。君子爱美，美之有道。真正的美可以穿越时空，获得永恒，只有经过自我内心的完善才能得到。

【解说】开宗明义，提出论点：真正的美只有经过自我内心的完善才能得到。

（承）由于人的艺术修养不同，对美的理解也不同，有人以奇装异服为美，有人以浓装艳抹为美，有人以时髦为美，有人以华丽为美。以奇装异服为美的人或为博取青睐，以浓装艳抹为美的人或因内心空虚，以时髦为美的人难免缺失心灵的后花园，以华丽为美的人不免缺乏踏实进取的作风，不一而足。这些较注重外表美的人，有时会轻视对内在美的锤炼，因而，所追逐的"美"，是浅表的、单薄的，缺少丰厚感。

容貌的美丑来自父母，可遇而不可求，再美的容颜也会被时光的流水冲刷出一道道沟谷，短暂而不可留；服饰的美丑标准不定，过于夺目的装饰只会盖住个人的气质，掩埋个性，使人沦为它的奴隶，所以服饰的美不可苛求。随着人的逐渐老去，在褪色的容貌和服装无奈的掩饰面前，唯一能不断充实、不断完善、不断走向完美的只能是人的内心，只有内心的崇高才会产生永恒的美丽。

【解说】阐明道理。分析指出以"奇装异服""浓妆艳抹""时髦""华丽"为美是表象的，不是内在的永恒的美。接着，进一步分析"容貌"可遇而不可求，"服饰"标准不一不可求。通过排除法得出结论：只有内心的崇高才会产生永恒的美丽。思维顺畅，议论深入。

（转）下乡考察的周总理身穿灰布小褂，而这却丝毫无法掩饰他儒雅绝伦的气质；居里夫人剪短她一头秀美的长发，却剪不掉她坚韧的美丽；吉娣精心制作的礼服无法艳压安娜一颦一笑的风韵；英格拉姆小姐的贵族气派也比不过简·爱自尊自信的神情。

这些人的美丽，不是来自身外之物，而是他们的内心崇高的流露。美的最低层是外表的"漂亮",进而是精神气质的表现,最高是修养、学识与智慧三者创造出来的奇迹。修养的美是高雅之美,学识的美是积淀之美,智慧的美是通达之美,这样的美才是使人出类拔萃的美。

【解说】选取周恩来、居里夫人、安娜、简·爱的事例作为论据,证明论点,使人相信。分析有见地,颇有成人之思。

(合)君子爱美,应以内心气质品格的塑造为美的正确途径,追求源于生命本质的美丽与善良,从而获得永恒的美丽。人的内心世界该是一个不断完善的世界,君子爱美,君子求美,只要不断以内心塑造为途径,定能获得永不褪色的美丽。

【解说】总结全文,回扣论点,简洁明确。此习作列入范文品级。补充说明一点:该文为2003年的学生习作,未作修改。第二段中对于以"奇装异服""浓妆艳抹""时髦""华丽"为美的评述,或有偏激和绝对化倾向,但瑕不掩瑜。为了真实,原文呈现,以利参考。

【小结】本文按韩愈《师说》思路结构行文。起:入题;承:有理——讲道理;转:有据——摆事实;合:收束。

〖学生习作2〗

"素面朝天"的美丽

(起)前些年,著名女作家毕淑敏曾写过一篇散文《素面朝天》,表达了自己的审美观。"素面朝天"出自唐玄宗时期杨贵妃的三姐虢国夫人的典故,她自恃貌美,"却嫌脂粉污颜色,淡扫蛾眉朝圣尊。"毕淑敏在文中对这一词语作了一番全新的诠释。

文章启示我们:人的美丽不在于外表的华艳,而在于内在的素质、修养。"因为优雅而美丽",即使容貌不佳,拥有高尚品质,优雅气质的人也能美丽动人。

【解说】从散文作家毕淑敏的一篇文章谈起,引出观点,开笔自然。

(承)这使我想起令世人崇敬的几位女士。居里夫人不因外表美丽而受到羁绊,毅然剪短长发,将全部身心倾注于伟大的事业。她的科学精神、人格魅力穿越时空,散发出跨越百年的美丽光芒。冰心先生不追求容貌的刻意修饰和衣着的华丽繁复，一生钟爱文学事业，将自己圣洁的灵光倾注在美丽的诗行上，年过九旬的老人因为那份博爱的胸怀依然优雅动人。身残志坚的张海迪在失去普通意义上的漂亮之后，凭借高雅的谈吐、渊博的学识、乐观的精神获得了人们的赞赏。正是凭借坚强的意志和勇于拼搏的毅力，她才能够美得卓越，美得超凡。这样的美丽，是超越外在美的、具有永久魅力的真正美丽，是清水芙蓉般的具有生命活力和生命纯度的高尚的美丽，是不施粉黛、素面本色却能令人由衷赞叹的美丽。

【解说】摆事实。列数居里夫人、冰心先生、张海迪三位女士，她们超越外在的美，具有永久的魅力。事例典型，证明有力。

（转）"爱美之心，人皆有之"，但对美丽的追求方式却各有不同。天生丽质的人毕竟是少数，大多数人还是需要对容貌进行修饰，对外表进行装扮，进而使自己赏心悦目。然而，"一个女子只有一种方法使自己变得漂亮，她却有一千种方法使自己变得美丽。"化妆和美容的确能使人外表漂亮，但内心的空虚、精神的贫乏却使外在的美底气不足、苍白无力。更何况优雅的气质、高贵的风度，乃至积极乐观的精神等，这些内在美丽的因素是仅凭涂涂口红、画画眼影无法获得的。尤其是当你看到一个浓妆艳抹、满头珠翠的人口出秽语、举止粗俗时，会产生愉悦和快慰吗？不仅如此，外在的美也是脆弱和易逝的。美丽的容貌像春天的花朵一样容易枯萎，轻盈的身姿像秀美的树木一样易被岁月的风暴摧弯……真正的美丽，不是外在的华丽浓艳，而是内在的高贵优雅。内在的美丽像钻石一般由内至外焕发出夺目的光彩。

【解说】阐明道理，在事实的基础上，对美作深入辨析，道合理，使人服。

（合）美丽的方式有千万种，要想获得真正的美丽，要"重之以修能"，培养内在的品质，增加内在的修养，让灵魂纯净晶莹。那才是爱美、懂美的最高境界和真正意义。

【解说】结尾提出建议，解决问题。本文按欧阳修《五代史伶官传序》思路结构行文。起：入题；承：有据——摆事实；转：有理——讲道理；合：收束。

【大结】跟古文大家学写作，起承转合，承转有法，开合有度。以此为宗，文章得成。

板书提要

第一讲　议论文写作纲要

一、议论文定义

议论文，有理有据者也

有理——讲道理——以理服人——使人服膺

有据——摆事实——事实说话——使人相信

二、跟古文大家学习行文章法

行文章法：起承转合

结构式一

起：简洁入题　提出论点　　承：阐明道理　论述观点

转：联系实际　充分论证　　合：回应全篇　结语收合

结构式二

起：简洁入题　提出论点　　承：联系实际　充分论证

转：阐明道理　论述观点　　合：回应全篇　结语收合

三、"起承转合"式思路结构讲析

审题立意

精研材料　把握主旨

根据主旨　确立观点

议论文拟题训练——题好一半文

（一）短语短句　直入正题

（二）使用整句　简明扼要

（三）借助比喻　生动形象

（四）引用名句　增色生辉

（五）化用名句　推陈出新

起：简洁入题　提出论点

（一）从命题材料入手　起笔自然

（二）从人生事理入手 引人深思

（三）从名言警句入手 释放积累

（四）从现实生活入手 洞见世界

（五）从疑难问题入手 引出论题

承：阐明道理 论述观点

（一）正反说理 对比鲜明

（二）多角度分析 说理全面

（三）层层推进 步步深入

转：联系实际 充分论证

（一）事实论证——例证

1.论据的选择

要领：论点是选择论据的方向，是唯一的选择标准

2.论据的记叙

要领：叙述简洁 摆出事实

3.论据的分析

（二）事理论证——引证

包括古今中外的经典著作和名人名家的言论

论证方法：1.对比法 2.喻证法 3.引申法

合：回应全篇 结语收合

（一）联系材料 表达主旨

（二）联系实际 揭示意义

（三）运用名言 顺理成章

（四）升华事理 收束全文

（五）解决问题 指明方向

（六）提出希望 发出号召

第二讲

论点型题目写法讲析

【导语】教学要遵守循序渐进的原则。一般地，议论文写作训练，多从论点型作文题目开始。

一、命题特点

【思问】论点型题目有什么特点？

【讲授】顾名思义。论点型题目就是作文题目即中心论点，这是命题形式中最简单的一种类型。

📝【板书】特点：题目就是文章的中心论点

二、审题立意

【思问】论点型题目没有审题难度吗？

【讲授】有。实际上，所有的作文命题都有审题难度，只是难点的所处位置不同，难点的理解内容各异。空说多无益，举例讲解才容易明白。

［展示］作文题目1：以"知足者常乐"为题，写一篇议论文。

【思问】如何理解把握这个文题？

【讲授】这是个阐释性的题目。审题重点在解题的具体、深入上，即"知足者"与"常乐"的因果逻辑要能够论述具体，分析透彻。

在这个题目中，"知足"指满足于已经得到的生活、愿望等，表现为淡泊名利，不羡富，不慕官，安贫处困。"布衣得暖皆为瑞，草舍能安即是春。"对物质生活没有过多的奢望，对名誉利益没有过分的贪求。有副对联最能表达"知足者"的心境："宠辱不惊看庭前花开花落，去留无意望天上云卷云舒。"其本质是人生观、幸福观问题，属于道家思想体系。

📝【板书】（一）解题

"知足"指满足于已经得到的生活、愿望等，表现为淡泊名利，不羡富，不慕官，安贫处困。

"布衣得暖皆为瑞，草舍能安即是春""宠辱不惊看庭前花开花落，去留无意望天上云卷云舒"

本质：人生观、幸福观——依从道家

【讲授】人生痛苦的原因大多是对已经得到的生活、愿望等不满足，不满意。于是多抱怨，常痛苦。人生不如意事常八九，所以，于右任告诫世人"常想一二"。杭州灵隐寺有副对联："人生哪能多如意，万事只求半称心。"知足者常乐，此言不虚。古有安贫乐道的颜回，居富不满足的和珅；处穷安和的清官，身达不知足的污吏；今有知足幸福的杨绛女士、布鞋院士……

📝【板书】（二）佐证材料

安贫乐道——颜回、居富不满足——和珅；处困安和——清官、身达不知足——污吏；杨绛女士、布鞋院士……

【思问】可不可以提出反面意见，作翻案文章，不认同"知足者常乐"的观点？

【讲授】这个问题提得好！我的意见是：不赞成写翻案文章。因为题目是"知足者常乐"。如果题目要求是"关于'知足者常乐'你有怎样的认识和感悟，自主立意，自拟题目，写一篇议论文"，那才可以反向立意，否则，就是文不对题。此为大忌。

需要强调的是：所有的作文命题都存在审题问题。理解题意首先要正确、准确，其次要具体、深入，不浅表化。这是写好文章的前提和基础。

三、行文表达

📝【板书】行文依从"起承转合"章法

【过渡】解题和材料准备完成后，下一步是行文。行文之法在第一章，按"起承转合"组织成文。下面提供例文，以作解说。

〖学生习作1〗

知足者常乐

人大附中　刘心怡

杨绛先生写道："知足常乐的心态才是淬炼心智、净化心灵的最佳途径。"先生的教诲告诉我们，知足者，方能常乐。

所谓知足常乐，即自知满足则心常快乐。老子有云："祸莫大于不知足，咎莫大于欲得，故知足之足常足矣。"知足，是一种健康的心态，并非代表着安于现状、不思进取的消极情绪；知足，意为对自身欲望的约束和控制，反映的是享受生活和自我肯定的乐观态度。

是的，知足意味着放下欲望，而欲望与贪念则是人生中不快乐的源泉。古人云："贪之与足，皆出于心；心足则物常有余，心贪则物常不足；贪者虽四海万乘之广，尚欲旁求，足者虽一箪环堵之资，不忘其乐。"欲望就如同一个不断膨胀的无底洞，只有懂得满足，才能封住欲望的洞口，从而让生活处处洒满阳光，让心中时时充满快乐。

颜回告诉我们，知足者常乐。一箪食，一瓢饮，在陋巷，常人眼中的艰苦生活，于颜回而言却依旧美好——有书相陪，有师相伴，衣食拮据、生活窘迫又如何？沐浴于春风之中，徜徉于学海里，颜回满足于精神世界的富有而不计物质的拮据。因此，即使他生活在"箪食瓢饮"的境况中，也不失其乐。

苏轼告诉我们，知足者常乐。即使被贬至僻远之地，即使满腹经纶却不被赏识，即使满怀一腔热血却屡不得志，苏轼也没有一蹶不振、整日沉浸于不满之中。相反，他将自己的快乐和热情寄托于生活、自然当中——"一蓑烟雨任平生……也无风雨也无晴"。知足带来的快乐驱散了阴霾，换来了阳光和绿水青山。知足的心态让苏轼发现了生活中的情趣，找到了官场之外的另一片乐土。

有人说，多想想你拥有什么，你会学会知足，也会得到快乐。如果颜回没有知足，他不会成为安贫乐道的复圣，而会困惑于生活艰苦之中；如果苏轼没有知足，他不会成为旷达乐观的一代词人，而会颓丧于官场失利之中。如果不懂得知足，不懂得放下贪欲，我们的人生将永远多几分忧愁，而少几分快乐。

一个快乐主义者首先要有知足的修养，这便是古训所言的"知足者常乐"。我们生活在太平盛世，尤其要懂得这一点。

【点评】需要说明的是：这是议论文写作训练的开篇题目。这篇和下面几篇作文是初学写作者的习作，未作修改，原貌呈现。放在这里，供初学者参考借鉴。如此做法，君当知我意。

这篇作文开笔以杨绛先生的话入题，引出观点。接着，解题并做进一步分析，揭出快乐的本质和知足对于人生的价值。再者，举颜回、苏轼例，证明论点，典型恰当。最后指出：一个快乐主义者首先要有知足的修养，回扣观点。行文思路清晰，结构严谨。初写议论文，行文如此，值得点赞。修改方向：第三段论述可再深入充分些，倒数第二段建议结合现实，写得再充实饱满些。论据若加上现实生活中的反面材料，文章便更有现实针对性。写文章除了提高文笔，亦是修心。这是一次关于人生幸福的深度认识与思考，直指明理达道。

〖学生习作2〗

知足者常乐

人大附中　唐一荷

人人都渴望着幸福与快乐。穷人说，富人快乐；富人却说，生活简单安稳的人快乐。老百姓说，大明星快乐；而大明星说，生活不被别人打扰的人快乐。

我说："知足者常乐。"

知足，便是知道满足，满足于所得到的，满足于所拥有的。人生不如意之事十有八九，每个人的生活里，总会有失败，总会有遗憾。知足的人，总能满足于其所拥有，并总能从遗憾背后、已有之中发掘新的乐趣，进而感到快乐。更何况，这满足的心态，本就是一种快乐。

反观那些不知足的人，他们的欲望就像一个无底洞，他们的眼前就像加了一块有色玻璃，只看得到他们还未得到的，而看不见自己已经拥有的。于是他们便只想一味索取，希望得到更多，而不会停下来看一看自己已经获得了什么。正因如此，他们才失去了期望被满足而带来的快乐。

苏轼被贬，在黄州物质缺乏，生活贫苦。可他并没有像其他穷困的人一样抱怨生活的贫苦，反而满足于上天所赐，用现有食材加以烹饪，做成美味佳肴，授之邻里。苏东坡的知足，不仅让他从简单的生活中获得了乐趣，也让他能够帮助别人从而感到快乐。这不是很好地印证了"知足者常乐"的道理吗？

再看陶渊明，淡泊名利，隐居田园。虽"种豆南山下，草盛豆苗稀"，却能拥有"采菊东篱下，悠然见南山"的怡然心境。这不就是知足的态度所带来的快乐吗？相比那些物欲充心的人，陶渊明知足的心境，让他总能欣赏美丽的风景，享受远离喧嚣的田园生活。

再观和珅，本是才子高官，深得乾隆赏识。却在权势扩大后被利欲熏心，受贿争权，结果在乾隆死后被嘉庆赐死狱中。据说他被抄家的资产抵得上清政府十几年的税收。这就是不知足酿成的悲剧啊！试想：如果和珅在升官受赏后，依然能保持知足清廉的心态的话，即使不流芳百世，也不会成为贪官的代名词而被后世指责。而他贪污受贿，得到的只有多得用不完的家产，却失去了身家性命，更得不到百姓的爱戴。

每个人都享有自己的快乐。而这，应该是基于自己生活的快乐。想要得到快乐，应该满足于所拥有。只羡慕着别人的好，而一味渴求自己没有的东西的人，是得不到这种快乐的。所以，知足者常乐。

〖学生习作3〗

知足者常乐

人大附中　陶辰阳

况周颐曰："委心任运，不失其为我。知足常乐，不愿乎其外。"一个人，能够对当下的自己感到满足，不去过多地在意外物，那么他就会常常感到快乐。无论是在几千年前的春秋战国，还是现在，我们对"知足常乐"这句话并不感到陌生。

正如"大智知止，小智唯谋"这句隋代的名言所说，真正有大智慧的人知道何时才该终止自己无尽的欲望。而有大智的人们，往往都能看破红尘，收获长久而充实的乐趣。这里的"知足者"，指的并不是那些知识渊博的大学士，而是那些能够用"宽其心容天下之物，虚其心受天下之善，平其心论天下之事"的心态对待世事的人。

知足，是一种心态，更是一种可贵的品质。广厦千间，夜眠不过七尺；珍馐百味，日食无非三餐。生活在这个物质繁荣的社会中，多少人为失去了一点点金钱而哀叹，多少人为琳琅满目的奢侈品而疯狂。生命，本应是简单而美好的，但人们内心深处的贪婪与不知足却将他们的生活折磨得一团糟。这些被痛苦与烦恼纠缠的不知足者在社会中比比皆是。

"斯是陋室，惟吾德馨"大抵是对"知足者常乐"最好的诠释了。自刘禹锡被贬至安徽和州，本应住在衙门里三间三厦的屋子里，但当地知县刁难他。几次搬家后，刘禹锡住进了一间只有一床一桌一椅的小屋。刘禹锡本可以去找知县理论，来恢复自己的待遇，但他采用了截然不同的办法。一篇流传千古的《陋室铭》记下了他怡然自得的心境，"谈笑有鸿儒，往来无白丁"将自己的独得之乐描写得淋漓尽致。"无丝竹之乱耳，无案牍之劳形"将自己远离官场的悠闲流露出来。居陋室反满足，保有了一份"知足者常乐"的心态，刘禹锡获得了精神上的满足，拥得了内心的宁静与快乐。

相反，一些生活上物质富足的人，有时精神上却不堪一击。当2008年金融危机带来巨大的金钱损失时，美、法、德等国的亿万富翁相继自杀。65岁的法国基金经理蒂里在损失超过10亿美元后，因无法承受巨大的压力，在自己的办公室里割腕自杀。由此可见，太过在意钱财的人是不快乐的，他们永远渴望更多的财富、更高的地位、更奢侈的用品。他们的欲望如无底的深渊，常常使自己沉沦其中。不知足的人可能会享有物质上的富足，但他们的精神难免是脆弱的，他们是无法体会简单而纯粹的快乐的。

知足者常乐，是适用于古今中外的一句箴言。在生活中，人有雄心是积极进取的动力，但若让野欲无休止地膨胀，只会适得其反。只有学会知足，保持知足，才能有效地节制物欲，才会收获内心的满足与幸福。愿我们每个人都做知足常乐的智者。

【点评】学生习作2和习作3，很好地实践了古人写议论文的方法——文章之道，正反开合。此八字文法是古八股文的精髓。言理，正反对比；举证，正反对照；开笔，开宗明义；收合，简括全文。此行文要诀，有心者当铭记在心。

【过渡】峰回路转，再说深度解题。

四、深度解题

【讲授】论点型题目，由于论点明确，无需自己提出，所以，在解题方面，写作者常常不像对待给材料作文那样加以重视，不去下工夫。这是一个写作误区，当高度警惕！

【思问】能说得具体些吗？

【讲授】解题深入，才能写作深入。只有对题目深度解读，才能打开思维的大门，进而升堂入室，有内容可写。而更多的情况则是，不是没有这方面的思想储备，而是没有想到；不是没有这方面的材料储备，是理解不到位。因而，表达时想不起来。当看到别人的作文，才恍悟自己也懂得这些道理，也知道这些材料，只是因解题不深入，导致写作失利。相信多数人会有这番体会吧！

【思问】的确如此，怎样做才能消除这种遗憾呢？

【讲授】方法在这里：下咬文嚼字功夫。举例说明，容易明白。

📝【板书】*解题深入须下咬文嚼字功夫*

[展示]（海淀）作文题目2：阅读下面的材料，按要求作文。

2018年第24届世界哲学大会在我国召开，大会的主题为"学以成人"，它启发我们思考：通过学习成为一个名副其实的人。

请以"学以成人"为题，写一篇议论文。

要求：观点明确，论据充分，论证合理。

【解题】学以成人——通过学习成为一个名副其实的人。学以成"人"，是相对于学而成"非人"而言。具体分析如下表所示。

名副其实的"人"	名不副实的"非人"
真诚的而非虚伪的	学而成为"巨婴"（身体已长成，心智在幼儿）
善良的而非邪恶的	
高尚的而非卑琐的	学而成为"工具"（重分数轻德行）
理性的而非任性的	学而成为"坏人"（损人利己）
道德的而非野蛮的	学而成为"空心人"（精神迷茫而空虚）
自主的而非奴隶的	学而成为"精致的利己主义者"
自我的而非自私的	学而成为"禽兽"（不知有天地父母）
……	……
要之，这里的"人"应指常人，即小民，还指君子、贤人、圣人	要之，我们学习的目的和结果出现了偏差，学以成非人

"学"——是方法、途径。求学的核心内容是修身之道，知识技能在其次。成人为正为本，成才为副为末。

总之，学以成人，"一皆以修身为本"。虽由世界哲学大会提出，然稍加思索便知，此亦属儒家思想体系。学是为了修身成人，基本的是成为一个有道德的人，有益于家庭、至少无害于社会的合格公民。进而，成为高尚的人，脱离了低级趣味的人，有利于人民的人。读书志在圣贤，非徒科第。学习旨在成人，岂计才艺。这与成为世界公民的要求并无二致。

【讲授】通过这个例子，可知解题的广度、深度和高度决定文章的厚重度。它是写好文章的前提和基础，须高度重视，并不断提升解题能力。此法没有程式，亦无模式，不像数学有公式，这是语文学科学法的特点，语文不是一个纯技术学科。这一点，同学们须充分认识。"咬文嚼字"功夫是阅读功力的表现，需要日积月累。在对语言文字的阅读与表达中，不断增长知识，掌握语法规则，提高语言修养，形成敏锐的语感。"勤学如春起之苗，不见其增，日有所长。"有了阅读思考的良好习惯，加上一次次的写作练习，解题能力定会潜滋暗长，逐渐提高。语文能力的提高常常蕴含在努力的过程中，它不是立竿见影的，而是久久为功的。学习写作需要有此理念。

五、见多识广——优秀作文，见善思得

〖学生习作1〗

学以成人

人大附中 周赫

德国哲学家、教育家赫尔巴特曾言："教育的最高目的是道德和性格的完善。"一语道破了教育与学习的真谛。在专业分工逐渐细化，社会教育与个人学习日趋专业化、工具化乃至功利化的今天，重新审视学习的目的有着不容辩驳的价值和意义。

我以为，比之于"学以成才"，我们更需要强调"学以成人"，塑造精神明亮的人，培养大写的人。

"学以成才"与"学以成人"并不是对立矛盾的，它们相辅相成，相互促进。但过于注重前者，忽视后者，却是当今社会普遍存在的问题，也是个极其严重的现实问题。孔子云："君子不器。"圣人告诫我们，除了以掌握技能、才艺为目的的专业学习之外，还有更为重要的学习，那就是以塑造人格、丰富灵魂为目的，强调价值性和广博性的学习。

正如米兰·昆德拉所言："专业化训练的发展，容易使人进入一个隧道，越往里走就越不能了解外面的世界，甚至也不能了解他自己。"这样单向度的学习是可怕的，因为知识的积累与道德的修养并不直接挂钩，如果一个人只拥有专业知识，却缺乏人文关怀，就丧失了安身立命的精神家园，在人生的大海中丢失了罗盘，成为马克斯·韦伯笔下"没有心肝的纵欲者，没有灵魂的专家"。这不禁让人想起二战时期德国的一些专家学者，他们为了更高效地屠杀犹太人而进行了数学计算。现在的某些律师为了利益，圆滑而娴熟地解读法律条文却罔顾事实真相与世事人情。他们或许有着高深的专业学识，但良心的缺席使得他们学习得到的知识成为魔鬼手中的利刃。

在当今的名牌大学中，有的学生患上了"空心病"，因为缺乏支撑其存在感与意义感的价值观；有的学生奉行"绩点至上"的信条，成为一个个"精致的利己主义者"，课程成为他们手中的刷分机器。试想，如此功利化的学习，怎能培养出一个内心世界完善、道德境界崇高、为了民族与国家的发展而贡献力量的君子人格？

十年树木，百年树人。蔡元培曾言："教育者，养成人格之事业也。使仅仅灌输知识、练习技能之作用，而不贯之以理想，则是机械之教育，非所以施于人类也。"为了培养健全的人格，古希腊的哲学家们提倡"自由教育"，追求心灵的自由与精神的解放，发展知性美德，秉持"内省生活"的理想，不断提高个体的自我感悟与向内反省的智慧。与之相对应的，宋代大儒张载也曾提出："为学大益，在自能变化气质。"儒家的教学讲究吟诵，沉潜于圣贤典籍中体会其人格气象，在扫洒应对、为人处世中提高个人修养，最终优入圣域，达到内圣外王的人生境界。西方的自由七艺与东方的君子六艺交相辉映，正是各自教学理念的表现，其目的也都是为了"学以成人"。

冯友兰曾说人生有四大境界：自然境界、功利境界、道德境界和天地境界。而非功利化的学习，正是将我们由"自然""功利"脱胎换骨至"道德""天地"境界的最佳途径。它使我们精神明亮，将"人"字大写于天地之间。

【点评】本文解题正确深入，材料有力地支撑观点，有博引之态。此为优秀习作，可列入范文行列。

【大结】论点型题目，观点已定，重点在于解题深广，这是写好文章的前提和关键。然后，依第一章授予的议论章法，按"起承转合"结构行文。此为正途。

板书提要

第二讲　论点型题目写法讲析

一、命题特点

特点：题目就是文章的中心论点

二、审题立意

题目1：以"知足者常乐"为题，写一篇议论文

（一）解题

"知足"指满足于已经得到的生活、愿望等，表现为淡泊名利，不羡富，不慕官，安贫处困

"布衣得暖皆为瑞，草舍能安即是春""宠辱不惊看庭前花开花落，去留无意望天上云卷云舒"

本质：人生观、幸福观——依从道家

（二）佐证材料

安贫乐道——颜回、居富不满足——和珅；

处困安和——清官、身达不知足——污吏；

杨绛女士、布鞋院士……

三、行文表达

行文依从"起承转合"章法

四、深度解题

解题深入须下咬文嚼字功夫

养成习惯　久久为功

第三讲

范围型题目写法讲析

【导语】教学要遵守循序渐进的原则。这一堂议论文写作训练课，当讲范围型作文题目的写法。

一、命题特点及形式

【思问】范围型题目有什么特点？

【讲授】顾名思义。范围型题目就是作文题目明确提供了论议范围，但论点需要自己确立的题型。

📝【板书】*命题特点：提供议论范围　需要自主立意*

【思问】关于议论范围，能讲得具体些吗？

【讲授】实际上，对于范围型题目，我们并不陌生。举个例子，高中课文韩愈的《师说》就是典型的范围型题目。题目明确了议论范围，说"从师之道"，也就是作者要在"从师之道"这个论题范围内立意。作者开宗明义，提出观点：古之学者必有师。再如吴晗的《谈骨气》曾入选初中课本，也属范围型题目。议论范围是谈论"骨气"，作者自主立意为：我们中国人是有骨气的。立意有了，才可行文。

【过渡】那么，范围型题目的命题形式有哪些呢？

📝【板书】*命题形式：（一）以"命题作文"面目出现*

【讲授】形式之一是命题作文，如"说×××""×××说""论×××""×××论"等。我们熟悉的文章有韩愈《师说》、苏洵《六国论》、李斯《谏逐客书》、鲁迅《"友邦惊诧"论》、吴晗《谈骨气》《说谦虚》等。

📝【板书】*（二）以"给材料作文"面目出现*

【讲授】形式之二是给材料作文，题目中提供一节文字材料，然后引出论题，提出写作要求。

［展示］（全国高考）作文题目1（有改动）：阅读下面的材料，根据要求写作。

"民生在勤，勤则不匮"，劳动是财富的源泉，也是幸福的源泉。"夙兴夜寐，洒扫庭内"，热爱劳动是中华民族的优秀传统，绵延至今。可是现实生活中，也有一些同学不理解劳动，不愿意劳动。有的说："我们学习这么忙，劳动太占时间了！"有的说："科技进步这么快，劳动的事，以后可以交给人工智能啊！"也有的说："劳动这么苦，这么累，干吗非得自己干？花点钱让别人去做好了！"此外，我们身边也还有着一些不尊重劳动的现象。

这引起了人们的深思。关于"劳动"你有哪些认识与思考，请自选角度，自拟题目，写一篇议论文，不少于800字。

【讲授】从表面形式上看，是给材料作文。从具体内容上看，又是范围型作文。

【思问】如何理解把握这个文题？

【讲授】首先，要掌握给文字材料作文审题的一般步骤：

【板书】审题的一般步骤：

1. 精读材料，准确把握关键词句，明确指向范围

2. 根据材料关键词句和指向范围，提出中心观点

【解说】所给文字材料各异，或有主旨句，或有关键词，或规定了范围，或指明了角度……因此，第一步要精读材料，把握关键词句，明确命题的指向和范围。第二步，就是结合自己的思想认识、分析理解，参照自己的材料储备，确定观点。以题目1为例，就内容上看，分为两小节。第一节：劳动是财富、幸福的源泉，热爱劳动是中华民族的优秀传统。第二节：现实生活中，一些同学有不理解、不愿意劳动，甚至不尊重劳动的现象。第一节是引题，引出关键词"劳动"；第二节是摆现象，一些同学的劳动态度：不理解、不愿意、不尊重劳动。再结合写作要求，即关于"劳动"你有哪些认识与思考，可知：这篇议论文的范围是"谈劳动"，说得具体些，是要求考生写"我的劳动观"。

【板书】(三) 以"话题作文"面目出现

【讲授】在中国高考作文命题历程上，有一个时期是话题作文，这种命题形式至今还在以不同的面目出现。而就实质而言，它属于范围型题目。试举例说明：

[展示]（全国高考）作文题目2：阅读下面的材料，根据要求写作。

有一个年轻人跋涉在漫长的人生路上，到了一个渡口的时候，他已经拥有了"健康""美貌""诚信""机敏""才学""金钱""荣誉"七个背囊。渡船开出时风平浪静，说不清过了多久，风起浪涌，小船上下颠簸，险象环生。艄公说："船小负载重，客官须丢弃一个背囊方可安渡难关。"看年轻人哪一个都舍不得丢，艄公又说："有弃有取，有失有得。"年轻人思索了一会儿，把"诚信"抛进了水里。

寓言中"诚信"被抛弃了，它引发你想些什么呢？请以"诚信"为话题写一篇文章，可以写你的经历、体验、感受、看法和信念，也可以编写故事、寓言，等等。所写内容必须在"诚信"的范围之内。

【解说】就写议论文来说，以"诚信"为话题，就是"谈诚信"。话题就是论题，就是议论范围。更何况要求中还有"所写内容必须在'诚信'的范围内"的规定。这一点容易理解，不再赘言。

二、审题立意

【板书】从具体的写作中得到训练、提升

【过渡】了解了范围型题目的特点、表现形式，接下来就是具体写作，即审题立意、行文表达。这需要从具体的写作中得到训练、提升。钱锺书让我们牢记勃莱克的快语："作概论就是傻瓜。"我想说："谁学写作找概括总结式的公式就是傻瓜。"说做就做，请看此文题：

[展示]作文题目3：阅读下面的材料，根据要求作文。

在央视一档原创文化传承类综艺节目《叮咯咙咚呛》中，歌手尚雯婕和非物质文化遗产"渔鼓道情"传承人苗清臣一同合作。尚雯婕在唱《夜之缪斯》时融入了一段《三国演义》名段、花腔渔鼓《要荆州》，她一开腔唱的是法语，对此主持人称赞："传统与时尚的结合，同时跨越了音乐的国界，给人耳目一新之感。"评委李谷一却质疑："对于这种非物质文化遗产项目，我不太喜欢你们用外国语言来唱。"这件事在网上也引发了争议，网友们就经典传承的问题展开了讨论。

以上材料引发了你怎样的思考？请自选角度，以"说传承"为题，写一篇议论文。

【解题】这是"材料＋文题"型的命题形式，较之单一的给材料作文和命题作文的命题形式，此形式命题更容易把握，不容易写偏题或跑题，降低了审题难度。"说传承"是典型的范围型题目。

就立意角度来说，对于现代流行歌手与文化遗产传承人合作，且一开腔唱的是法语的做法，可以同意主持人的看法，表示肯定；也可同意评委质疑，表示否定；还可辩证地看待，一分为二。角度无对错，关键是能够自圆其说，看论证水平和效果。

三、行文表达

〖学生习作1〗

说传承

人大附中　李科航

现代歌手与传承人融合中西的演绎引起舆论的热烈讨论。对于这种新的传承方式，有人质疑传统文化的"纯净血统"不应被打破。而我则认为，对传统文化的传承，不应带有"狭隘的民族情怀"。

所谓"传承"，其实应该包括两个方面。一方面是使文化延续，使其不至于中断失传；另一方面则应竭尽所能使其发扬光大，最大限度地发挥其文化价值。纵观我国的"非遗"现状，不少仍挣扎在"保持延续"的边缘线上。既无法延续，又谈何发扬？于是人们想到了给传统文化披上西方流行元素的外衣，以此来快速有效地吸引人们的注意，使传统文化最基本的延续得以保障。因此，融合外来文化进行传承，是有其客观需求的。

　　那么，针对一些人所说的，这样做带来的一定就是文化入侵吗？并不。一些人可能误解了我们民族的传统文化作为维系民族生存和发展的纽带所承担的作用。诚然，独特的民族文化是民族认同感和凝聚力的重要来源，可这并不意味着我们应采取消极的"守旧主义"和"封闭主义"。一潭清水，若是没有了活水注入，很快就会发黑发臭。相似地，没有哪一种文化能一成不变而永葆生机和活力。文化只有在交流融合中不断吸收优秀、新鲜的血液，才能得以持续发展。更何况，融合中西的传承只是借助了西方文化的外衣，并未改变传统文化之内涵，并不会对我们的传统文化造成实质上的威胁。如此一来，对于这种"中体西用"的高效传承方式，我们又何乐而不为呢？

　　事实上，我们灿烂而悠久的中华文化，就在与外来文化的交融互渗中不断发展与进步。就拿中华文化最基本的元素——汉字来说，近代以来就曾面对过几次危机。先是我们缺乏科学类词汇，于是中国人一方面赋旧词以新意，一方面音译外国语以创造新词。接着，我们的文字面对"扫盲"与适应信息化的难题，于是我们引入了拉丁字母，制定了拼音体系，汉字的危机由此得以解决。然而这么多年来，也未曾见汉语被外语入侵的现象，那么"非遗"项目又怎么会仅因加了两句外语歌词，融入了一点外国元素就失去了灵魂，变成"别人家的文化"了呢？

　　以上的这种情况似乎又反映出一个问题：我们为何如此固守传统文化上的"夷夏之辨"？我认为，归根结底还是文化自信不足的表现。美国大片的轮番轰炸，西方生活方式的逐渐流行都加剧了一些人价值观的错误导向：传统文化要亡了！这无疑是杞人忧天。源远流长、博大精深的中华文化，早已作为灵魂的符号融于每个炎黄子孙的血液中，这种内在的文化印记是绝不会被外在的文化冲击所抹掉的。因此，我们要对自己的传统文化树立高度的自信，以开放的姿态面对外来文化，使其以我为主，为我所用，借其传承，谋求发展。这样，就算面对影响，我们的传统文化也可"任尔东西南北风"而自岿然不动。

　　我期待未来能有这样的场景出现：台上的歌手用中西融合的形式演绎着我们的传统文化。台下的人们——各色皮肤的观众都能沉浸其中，热情鼓掌。那时便是我们的传承真正成功的时刻。

【点评】关于经典传承的问题，作者与主持人的立场一致。立意为：对传统文化的传承，不应带有"狭隘的民族情怀"。文章分析具体深入，怀有充分的民族文化自信，令人服膺。结尾以情景展现的形式出之，形象说理，深得苏洵《六国论》论证形象生动之法。

〖学生习作2〗

说传承

人大附中　郑柳依

作百般新曲，唱千年辞章。一曲花腔渔鼓，在与流行乐和法语的碰撞中迸溅出奇异的火花，也启示着我们，经典只有随着时代不断创新发展，方能传承久远。

《老子》有云："流水不腐，户枢不蠹。"经典的传承，绝不是一成不变的，而是要在变化发展中找到与当下时代的最佳结合点，这样才能彰显经典的时代价值，体现经典的内在生命力。"传承"之意，绝不仅仅在于记录、留存，使之不至绝迹；更在于发扬、推广，使之成为照亮国民精神世界的火光。如果只一味固执于不变的形式，经典便会被束之高阁。久而久之，便成为博物馆角落里的故纸陈灰，在光阴的流逝中被湮灭、遗忘。面对先人传承下来的文化经典，我们当然要尊敬，但却不能像对待祖宗牌位一样高高供起、敬仰膜拜，而是应该有文化传承的主体意识，在理解经典文化内核的前提下，大胆地改造表达形式、融入现代元素，在经典的传统韵味中注入新鲜的现代血液。

因此，对于花腔渔鼓而言，与流行乐相结合也许是重焕光彩的最好形式。在谈及花腔渔鼓的传承时，人们总侧重于强调它是非物质文化遗产，有着多么独特的价值、深厚的传统，但却往往忽视了戏曲的本质是一种表演艺术，要有人欣赏、能被欣赏，才有生存的空间。而对于以花腔渔鼓为代表的民间戏曲，其最重要的价值也正在于通过演绎一个个哀婉缠绵、刚烈忠勇的故事，向社会大众传达某种普世价值。只有得到大众的认可、欢迎，这一价值才能得到传承。而如果为了保留形式不肯与时俱进，让花腔渔鼓从戏台上的名角儿变成深闺里的小姐，从社会大众津津乐道变成阳春白雪曲高和寡，不仅丢失了戏曲艺术社会价值的传承，对于花腔渔鼓本身的发展而言，也未尝不是一种遗憾。

与流行时尚相结合，以花腔渔鼓为代表的传统戏曲才有可能重现昔日的辉煌。同样，在央视的另一档文化传承类节目《经典咏流传》中，传统诗词与现代音乐相结合，喷珠吐玉、联翩而至，迸射出别样的光彩。"凤凰传奇"演绎的《将进酒》，歌出了李白的潇洒不羁；请国际知名的"疯马乐队"为《黄鹤楼》伴奏，在摇滚的节奏中再现了历史的苍茫；由机器人伴舞的《明日歌》更是在未来科技感中展现了今日之"明日"……当现代音乐与古典诗词相逢，不仅又一次唤起了公众对诗词的关注与热爱，更是让诗词久被忽视的音乐性在传承中焕发了别样生机。

《易》云："观乎人文，以化成天下。"经典的最大意义在于化人，也应与人共同进化。惟其如此，经典才能在物质文明高速发展的当下，为国人的精神世界注入一股古老而清冽的甘泉。

【点评】关于经典传承的问题，作者同意主持人的观点，立意为：经典只有随着时代不断创新发展，方能传承久远。

〖学生习作3〗

说传承

人大附中　沈喻非

在央视一档文化综艺节目中，"渔鼓道情"与外语结合的方式让人耳目一新的同时，也引发了如何传承的热议，而我认为，经典的传承更应注重"承"。

何谓传承？即传递、继承。中华经典的传承是当今中国社会发展的根基，因为中华传统文化是维系中华各族人民共同发展的精神纽带，社会在继承的基础上发展，文化在发展的过程中传承。作为非物质文化遗产的"渔鼓道情"，传承给下一代的应该是有中国风格、中国特色、中国气派的本质与内涵，像节目中那样糅入外国元素不失为一种传播手段，但不应是传承中更应侧重的方面，如此是为本末倒置。

"民族的争存归根结底是一种文化的争存，中国人知中国事才能爱国。"

这句话放到经典的传承方面依然能够适用。诚然，在世界多极化、经济全球化的今天，各种思想文化不可避免地交流碰撞，在交流中渐趋融合，但更注重传承的"承"，有助于我们树立文化自信，能让自己的文化不被同质化，争存一席之地。更何况，中国传统文化拥有丰厚的底蕴，只有经历过中华乡愁和人文淬炼过的经典才有不能磨灭的筋骨。

现实生活中，随着国家对传承的关注度提高，各大电视台纷纷推出了各种文化传承类节目。《国家宝藏》深深挖掘文物背后的故事，请来上至中科院院士，下至故宫普通志愿者讲述国宝的前世今生；《经典咏流传》将古诗词编成流行歌曲，让明星歌手传唱，获得众网友的好评。而这些节目真正引发人们共鸣的点绝不是糅合了西方元素，而是那绵延千年而不绝的中华文明。

但是所谓的传承更注重"承"，绝非一成不变，而是应恰当利用外国的优秀成果，以我为主、为我所用，并通过合理的方式使用科学技术推动经典走向世界。更何况，不仅仅是经典，社会的发展也应树立坚定的自信。当奉行霸权主义的国家试图削弱和抹杀他国时，是传承中的"承"字给了这个国家共同的文化基因，增强了一个国家的凝聚力。或许从经典传承联系到国家存亡有些太过遥远，但是，文化作为意识形态担当的作用不可忽略。

传承的意义在于"承"，在于"文化基因"与"独特标识"。只有继承才能让下一代获得民族精神的滋养，只有守正固本，才能使先人远香，至今仍酣。

【点评】关于经典传承的问题，作者与评委的立场一致。立意为：经典的传承更应注重"承"。

〖学生习作4〗

说传承

人大附中　李续双

大河泱泱，大潮滂滂，中华文化，煌煌圣火，千载永继，唯我无双。纵观历史长河，中华文化长期以"独树一帜、独领风骚"的姿态屹立于世界民族之林。而在这个多元多样多变、交流交融交锋的时代，中华文化的传承越发需要正本清源，守住文化底色的纯洁性。

重视本色的守护、回归本色的传承，不是故步自封的鲁莽，也不是翻版复古的盲目，而是根植于对文化根底的自知之明。许多人目光如豆，以为自家文化总穿着一件古老而陈旧的长衫，所以永远不敢堂堂正正地示人。有些人在祖先宝藏的灼灼光华前目眩心慌，他们担心它太特别、太不合群，于是就打起"结合时尚元素"的旗号，左一层又一层地往自家文化上涂抹西方色彩的脂粉。

于是，我们看见，"尚雯婕"们挖空心思将中外名曲糅合成一处，把外国语言像一贴"膏药"似的粘在本国的非物质文化遗产上；埃菲尔铁塔等西方名胜在中华大地上赫然升起，本国本土的文化精神却被弃于九霄云外。这般生搬硬套、舍本逐末的作为，虽能博得大众眼球，但其成果的实质却是个没有灵魂、缺乏筋骨的"四不像"。

所谓民族争存，归根结底便是一种文化的争存。这种令人咋舌的"传承"，背后其实是"崇洋"心理在作祟。自洋人用鸦片与枪炮打开古老中国的大门后，中华民族的自尊心便被罩上了一层浓浓的阴影。虽然新民主主义革命的胜利标志着中国人在政治上站了起来，可在文化上我们还差着一场翻身仗。当文化霸权主义借着电影、游戏等新式武器不断拓展着侵略渠道时，中国的文化产业只能白白接受"胡骑凭陵杂风雨"。而这时，文化本源的模糊与混杂只会使我们越发心虚和怯懦。我们文过饰非，连直视本家文化都会感到羞赧，我们吹毛求疵，连正本清源的魄力都失去。

中华文化的现代化传承绝不等于国际化，更不等于欧美化。我们可以博采众长，吸收各国优秀文化成果，但却不能改弦易辙，失去民族本色。青史不泯，经典不老。中国原是《诗经》的故乡，是五十六个民族的文化交相辉映的文化殿堂，我们应当大方而坦然地发扬民族文化的精髓。如果我们连自己的文化本源都不珍视，要从哪里寻觅文化自信与自豪？一个民族不能退让到连自己的情感底线都守不住的地步！

"求木之长者，必固其根本"。文化传承，不是无病呻吟的怀旧，而是民族生存的必要。如果割裂传统、一味创新，那么，我们的民族就将在文化掘墓中将自身存在的意义彻底埋葬。没有了生命的底色，中华民族就会思想贫血、精神缺钙。试问：关关雎鸠何处栖息，蒹葭苍苍毛将焉附？日暮乡关何处是？切勿烟波江上使人愁！

〖学生习作5〗

说传承

人大附中　刘屹霄

歌手尚雯婕在综艺节目中将《要荆州》等花腔渔鼓名段融入《夜之缪斯》中，本是件好事，然而她一开腔却是法语。这不禁让人大皱眉头，颇有"关公战秦琼"的滑稽感。我想说，传承，不要丢掉了自信。

中华文化的精华不需要也不应该用外国的语言来表达和传承。进一步讲，中华文化的传承也不用外国文化来做"伴郎""伴娘"。东西方文化本是世界文化之双璧，各有其优劣，贸然杂糅只能是东施效颦，不得其所。如果说文化是船，在历史长河中前进，那语言就是船身，承载着文化的全部内涵。抛船弃舟，海员无所依托，终被淹没。抛弃语言，文化只有死路一条。对于非物质文化遗产尤是如此。李谷一老师在节目当场就质疑"我不太喜欢你们用外国语言来唱"，何止是不喜欢，该是"反感""厌恶"才对，因为这简直是断了非遗传承的"源"，动摇了艺术传承的"根"，让这些本就少有文字记载的文化艺术少了中华语言的支持。

我们确实应当在文化传承中多一些自信。何必盲目地"日化""欧化""美化"？让我们多听一听那些在大地传唱千年的声音吧，从细腻到粗犷，从高雅到通俗；多看一看那些在中华学子手中传抄千年的文字吧，从先秦到汉唐，从诗书到曲赋；多想一想那些祖宗先贤闪耀千年的思想吧，从老子到孔子，从王守仁到顾炎武。这些无一不带给我们足够的信心和力量，让我们怀揣着信心昂首向前。

重拾文化自信，何其必要！不能想象，雄浑豪迈的秦腔用英语吼出，京剧越剧用德语演绎，茶峒山歌用西班牙语演唱，就像我不能理解为何要将花腔渔鼓用法语呈现。有人说：这是传统与时尚的结合，是跨越国界的音乐。我倒觉得这是对传统的篡改，是一些失掉文化自信力的国人为赚取眼球而怯懦的妥协。真正的经典传承、与时俱进的发展，是诸如《经典咏流传》《中国诗词大会》等节目中所展现的，以中华传统文化为核心的守正创新，而绝非挂羊头卖狗肉的背离与抛弃。

正值国学复兴，在此过程中应格外注意加强我们的文化自信，警惕那些哗众取宠来博得人气的假经典、假传承，弘扬与时俱进、永不褪色的好形式、真传承。这样，才是传播正能量，助推文化事业的发展。

外国的月亮不比中国圆，外国话也不比中国话动听。脚踏着九百六十万平方公里的土地，背靠着五千年的中华文明，我们应当满怀信心，用汉语发出中国声音！

〖学生习作6〗

说传承

人大附中　宋子玉

渔鼓搭法语，东调配西腔。歌手尚雯婕和"渔鼓传情"传承人苗清臣的一番新奇的合作，却引发了莫大的争议。这争议与其说是针对表演者个人，倒不如说是源于人们对文化遗产传承的担忧与困惑。传承文化，真的应传承本色。

何谓文化的本色？无论是文艺形式、传统技艺或是传统品格，能获得如今人们的重视与传承，就代表着其有着强大而有特色的精神文化内核。这种内核便是传承时不可或缺的本色。具体而言，文学艺术吸引人的魅力是本色，手工作品方便了人们生活的功用是本色，优良品格指导人们立身行事的参考价值是本色。唯有传承本色，人们才能真正了解这项文化遗产的核心价值和自身竞争力，这样的传承才能够真的经久不衰。如果为了传承文化的美名而急功近利，忽视对文化本色的探索与传承，而只是把一些外表的、片面的文化元素拿来胡乱组合一通，吸引到的最多只是猎奇的目光，而绝无多少传承的实效。

传承本色绝不代表着放弃创新。它们二者不仅完全并行不悖，坚定本色甚至对文化的推陈出新大有帮助。传统诗词文化在形式上从古体到近体，从诗到词到曲，历经上千年的不断创新积淀了丰厚的文化财富。在这漫长的演变过程中，诗词那抒情言志、含蓄悠扬的本色却从不曾丢掉，哪怕被谱曲成为流行歌曲。当人们用现代的曲调唱出"但愿人长久，千里共婵娟"时，胸中涌起的对家人的思念、对美满的向往也与古时别无二致。而真正抛弃了本色的传承则如流行歌手组合S.H.E.的《不想长大》，分明借用了一段雄浑激昂书写命运心路的交响曲片段，却唱的是少女的心事，被网友戏谑为"莫扎特听了都要活过来"。或许有人会辩解，这有助于将曲高和寡的古典音乐引荐给更广泛的大众。可仔细想来，这样失去了本色的改编，难道真的能算传承了经典，或是能吸引人们关注古典音乐吗？听歌的人所认识到的，不过是新的一首流行歌曲而已。拿酒盅装葡萄酒，喝到的还是葡萄酒；拿高脚杯装白酒，喝到的也还是白酒。道理显而易见。

再看这次的争议，法语歌曲与"三国《要荆州》"，实在可以说是"八竿子打不着"。如果只是为了音符的和谐和组合的新鲜感，倒也可以这样唱，但若是冠以传承文化的名义，恐怕实在是有些不伦不类了。渔鼓的本色，在于它用最原始和最纯粹的表演方式演出时展现的无穷魅力，是它完整地用它独有的技艺讲述一个故事给听众带来的享受，是它在乡村戏台上、在乡野间给一代代人带来的感动和它根植大众的旺盛的艺术生命力。不去传承这种本色，而在现代舞台上用几句花腔象征那文化传承的酒盅，实在让人有种"人面不知何处去，只剩桃花笑春风"的滑稽感。

近年来，在传统文化传承的大潮中，有许多出色的传统文化遗产得以重见天日，发扬光大，却也的确有一些失了本色的现象。归根结底，是有些人对传统文化不自信，以为老玩意儿已不能吸引新时代的人，只有依靠各式花样才能开展传承。殊不知，众多优秀的文化遗产只是蒙尘多年而已，一旦重新被发掘就能焕发出无穷的魅力，哪里需要风马牛不相及的外语歌来助推？而如果一些艺术形式真的已经落伍，又何必强求用旧瓶装新酒的方式来博取文化传承的美名、吸引众人眼球呢？

作为传承者，我们应该做的就是从历史的深处发掘出文化遗产的本色，将它发扬光大。如果一种文化形式真的呈现出了它的本色，世人也定会用实际行动给它以公正的评价。

〖学生习作7〗

说传承

人大附中　安子瑜

请告诉我，为什么花腔渔鼓《要荆州》，作为泱泱华夏的文化遗产，却要用法语来演唱？

"高冷"的传统文化，要接地气，要生存，所以在一档商业文娱节目中忘记"中国腔"要用中国话，而冠以"跨越音乐国界"之名，似乎也是可以的。然而，我还是认为，传承，是在当代的空间中辟一方时间的净土，让传统以自己的方式和姿态赢得生存空间。

是自由、自主，不是被迫、被裹挟。传承，总喜欢以商业的噱头，把精心包装过的文化放在猎奇的观众面前。我们喜欢法语唱的《要荆州》，因为这足够洋气，是"世界的声音"，符合在经济全球化浪潮中打造文化名片的要求。与这档节目不同的是谭维维华阴老腔的一声喊，喊得巨灵劈华山，喊得黄河拐了弯。谭维维在受访时被赞为文化的传承者，她只说："这是我对自己的一个交待。"她算是摸着文化良心，用自己的方式让寂静的秦川重新感觉到黄土的震颤。

是赢得，不是施舍。传统文化如果真的有穿越时空的生机，他就像一个做客当下的、不急不徐的老人。他有的是时间，有的是自信，等高速运行的时代慢慢赶上他稳稳的步伐。时间的风，披沙拣金，几个非物质文化遗产虽然短时间内要受些时代发展的委屈，需要人们居高临下的怜悯，但时尚与娱乐化的东西太具体了，太现实了，太轻薄了，无法给人精神的顺畅呼吸。当下物质的富足终会趋于满盈，而精神的填充者到那时便会重新发挥作用。只是这一切，需要耐心，需要时间的气魄与眼界。

小小的台北，有几十家星巴克，却只有一家名为紫藤庐的茶屋。传承，或许就是让星巴克的队排得长长的，但总有那么几个人，守着紫藤的芬芳，守着茶韵的氤氲。紫藤庐经营得不紧不慢，只因她知道，自己是独一无二的。

我们乐意新鲜的事物到来，就像紫藤庐也在用着新的茶道过滤系统；我们鼓励物质的优先，就像朝九晚五的上班族只能依靠星巴克。但紫藤的悠扬，终需要时间的净土。

传统的"氢气球"，它的线，还应该握在踏得到黄土地、听得见中国腔的人们的手中。那古老的呼吸，连着的是来自地底的文化脉搏；那流溢的温爱，连着的是钢筋水泥的躯壳下跃动的华夏赤子心。说到底，传承是为了我们自己，只有传统是不能由外在赋予的。先进的技术可以学习，领先的国际地位可以竞争，单纯经济层面的富强则留给了创新与发展。它们都应该为传承提供新的可能，而不是让传承去一味靠合时代的节拍。

牺牲传承换来的发展，才是真正落后的表现；让传承以自己的节奏优雅地行进，才是大步向前的时代最美的姿态。

【点评】学生习作4～学生习作7，皆与评委立场一致。四篇合集，君当知其意……

〖学生习作8〗

说传承

人大附中　张雪琛

传统戏曲花腔渔鼓回荡在耳畔，法语改编的《三国演义》名段同样绕梁不绝。大众不禁产生疑问：如何才能做到最适当的经典传承？传统守本与融洋求新之间的"度"究竟怎样平衡？

我认为，经典的传承关键在于把握经典之精神内核，只要精髓得到传承，外在形式的变革创新不仅不可称为忘本，甚至必不可少。

何为传承的精神内核？中国文学的滥觞——《诗经》告诉我们，经典文艺的源头就是"饥者歌其食，劳者歌其事"，是对朴素生活的热忱与赞美。先秦以降，优秀的文艺作品都是在对这一精神内核的传承中创造的。从《竹枝词》到花腔渔鼓，从《清明上河图》到丹顶鹤舞，歌颂土地、歌颂生活的作品成为了不朽的经典，在中华大地长久传唱，产生不灭的精神回响。

有人问：为什么对经典精神内核的传承如此重要？为什么只有蕴含了朴

素生活的作品才能焕发出永恒的生命力？唯一的解释就是人们对土地和生活有着共同的热爱，它不随世易时移。因此，传承内核的经典总能唤起人们的共鸣，具有强大的艺术感染力。

正如"渔鼓道情"，相传由一位因灾荒而流落到太康的外乡渔鼓艺人所传授，之后不断汲取当地民歌小调的营养和精华，逐步发展演变成为一个极具浓郁乡土气息的独特曲种。正因源于生活，贴近百姓，它才能以其节奏明快、曲调舒畅的说唱叩开人们心扉，穿越历史，被誉为非物质文化遗产。相反，被誉为"百戏之祖"的昆曲，却在清中晚期败给了集地方戏曲之长的京剧，就因为它脱离了市井生活的土壤，因此不能使大众产生亲切感，也就损失了它的艺术魅力。可见，放弃传承内核而创造出的作品，相当于自断生机，不再具有与民众恒久的共情，也就失去了维系历史根脉、传承民族文化的经典价值。

但是，仅凭内核传承的经典依旧僵化而单薄，只有以创新或借鉴外国优秀文化、时代精神的方式，为其裹上妥帖的外衣，才能将其全部内在价值挖掘、发挥出来。因此，用法语演唱的《要荆州》，只要其演唱者真正理解"渔鼓道情"的真谛，便不应在观众的一致好评中被扣上"毁坏经典、崇洋媚外"的帽子。同样，改编成流行歌曲的《敕勒歌》《木兰辞》，只要不失却对北朝先民生活的追思和崇敬，就应在《经典咏流传》的舞台上对观众长久的掌声受之无愧。

传承与创新总是共同作用于文化经典，相互促进，相互弥补，但对文化内核的传承永远是经典诞生的基础。希望在当今和未来的作品中，能越来越多地找寻到泥土的芬芳和火辣的生活热忱。毕竟，对经典的传承重任，此时就在你我手中。

【点评】关于经典传承的问题，作者对主持人和评委的观点作辩证的分析，不偏不倚，一分为二。立意为：经典的传承关键在于把握经典之精神内核，只要精髓得到传承，外在形式的变革创新不仅不可称为忘本，甚至必不可少。此文有辩证思维，论述具实，值得学习。

四、见多识广——优秀作文，他山之石

[展示] 作文题目4：阅读下面的材料，根据要求作文。

"品牌"是商业用语，品牌的内涵是指它所包含的个性、价值和文化，个人、集体、国家等都应该有自己的品牌。

对"品牌"你有怎样的思考？请自选角度，自拟题目，写一篇不少于800字的议论文。

〖学生习作1〗

重其品者得其牌

人大附中　董姝辰

悠悠地踱过一面摆满书的墙壁，指尖划过整齐排列的书脊，每个作者的名字依次经过你的视线。有些名字你不屑一顾，而另一些名字让你敬意顿生，将书抢下书架，如获至宝地细细品读。这就是品牌的力量，更是"品"的力量。

人各有其品牌。"品牌"一词颇有深意可掘："品"是为品质、品行，是人格的风范，亦是精神的强度；而"牌"是为名誉、名声，是当众提及一个名字时众人脸上掠过的神情。应该承认，品牌的树立与技术、能力是无法分割的。但纵览古今，三百六十行，技艺相当者多如牛毛，但被人唾弃者有之，碌碌无为者有之，最终只有寥寥数人盛名于世。细品之下，高下之分，唯"品"而已。

艾青曾携一幅齐白石年轻时的画作登门拜访，请齐白石鉴别真伪。齐白石拿着放大镜仔细看了看，愣了一会儿神，又看了看，最后说："我用刚创作的两幅画换你这一幅，行吗？"艾青走后的一天夜里，齐白石的儿子夜里起床，发现父亲的门缝里渗出灯光，进门一看，齐白石这位年近九十的老人，正端正正地坐在灯下，一笔一画地描红。儿子很疑惑，问："您声誉已经这么好了，怎么还做这么初级的描红？"齐白石答道："人家都说我画得好，我也就放松了。

前几天我看见那幅画的时候，才猛然间惊醒。我不能放松练习，还得自己管住自己啊。"

当时齐白石已誉满天下，被称为"国画大师"，很多人觉得他随便抹一笔就是好的。而齐白石是绝不就着"国画大师"的"牌"而懈怠其"品"的。他心里自有一杆秤，时时掂量轻重，无人律他他便自律。他在赞誉和吹捧中保持着目光的敏锐、头脑的清醒、思辨的客观和良心的清明，一手锤炼画技，一手锤炼品性，虽无求"牌"之心，他的"牌"却被人民抬举得很高，很高。

人们往往仰望大师品牌的高度，殊不知重其品者得其牌。如今，一些人迫切地渴求名誉，巴不得自己的"品牌"能名扬天下，但却心术不正，蝇营狗苟，弃其品而求其牌，自以为聪明绝顶。但这个世界从来没看走眼过，每个人的"品"都会被人们看得一清二楚，那些疯狂而愚昧的人的结果是，既败了人品，又砸了招牌。高官落马，艺人入狱，文人相轻而两败俱伤的事频频发生。社会的价值取向是到了该变一变的时候了：切莫一味地追求"大牌"，若求品牌，先修其品，先正其行。

品，是荣誉泡沫中淡然的心境，是恶意攻击下平静的一笑；是一把剔除自私和投机思想的利刃，是一根拴住行为与道德准则的缆绳；是不减物力不省人工的虔诚，是只炼品质只求完美的信仰。当一切的荣誉与业绩化为尘土，一个人留在世上的"品牌"，也不过是其全部品性的凝练、聚合。

重其品者得其牌，重其品者，则品牌永存，万世流芳。

【点评】此文可列入范文品级。题目"重其品者得其牌"，道出了"品"与"牌"的关系，且有语言表达的机智，妙哉！习作对"品牌"的解读有独到之处，即"品"是为品质、品行，是人格的风范，亦是精神的强度；而"牌"是为名誉、名声，是当众提及一个名字时众人脸上掠过的神情。商品的背后是人，品牌的背后是人品。认识深刻。齐白石例典型恰当，联系现实，针砭时弊。"若求品牌，先重其品，先正其行，则品牌永存。"结论水到渠成。好！

〖学生习作2〗

中国梦　中国牌

人大附中　程宬

当遍地的洋楼蚕食着粉墙黛瓦的唯美，当星巴克和可口可乐淹没了浸润茶香的味蕾，当中国制造被禁锢在廉价低端的定位，我们不禁要问：中国人自己的品牌建设，如何才能腾飞？

实现中国梦，在经济上就必须做好"中国牌"。而打造中国品牌，便要求企业有对文化的自信，国人有对文化的自尊。

"中国牌"，首先得是扎根于中华文化的品牌。只有对自己的文化自尊自信，根才扎得深，才能汲取养分。譬如谭木匠秉承"我善治木"之理念，遵循中国对于木材天然纹理的认识和对木材四季干湿变化的把握，制作出古色古香、天然耐用的木梳并扬名海内外，其成功便依赖于对中国木文化的精纯掌握和运用。这精纯的背后是对文化的深挚热爱和对文化的自信。否则，半信半疑，浅尝辄止，既不能习得古法真味，又不能学到其精髓，中国人不接受，外国人不认可，结果也必然一败涂地。

打造中国品牌不仅需要传统文化的熔铸，还需要产业内企业的相互扶持。

在企业的成长阶段，"一家独大"的思想会制约中国品牌与世界品牌竞争。比如王老吉与加多宝，原本合作致富，共享市场，继续成长下去便可与可乐分占国人饮料市场；却在这关键时刻，两家闹起"内讧"，各不相让。王老吉与加多宝的纷争胜负未定，美国可乐却已坐稳"老大"宝座，怎能不令人叹息？倘若两家能认识到潜在市场的广阔，加强宣传合作，将凉茶推出国门，中国的饮料业又岂会让美国品牌分去一大块蛋糕？美美与共，相互扶持，面对国际市场，中国的品牌需要这样的胸襟。

植于传统，壮于互助，"中国牌"的建设发展是当今中国的迫切需求。它不仅是中国梦中经济实力增强的要求，还是背后传统文化价值对于新时代认可的需要，更是国人对于找回文化自信的期盼与重燃国民爱国热情的需要。它的背后是一个国家综合实力的积蓄，它的腾飞是一个古老民族重燃生命力的证明。唯其如此，中国梦的实现才会有坚实的物质基础。

现今，西方国家为从经济危机中尽快恢复纷纷加大贸易保护力度，以"反倾销"之名阻碍中国出口。而中国一些产业也因"人口红利"的衰减而遇到难题，这正是发展"中国牌"的不二时机。中国的企业应将其视为一次大洗牌的机会，顺应创新驱动之大潮，借国家优惠政策之"轻舟"，积极应对，逆流而上，中国梦的经济辉煌才能最终实现。

打造"中国牌"，实现"中国梦"。

〖学生习作3〗

善造就品牌

人大附中　赵云蔚

清洁如水，润万物而静无声。上善若水，水善利万物而不争。一个生命个体，一个集体，一个民族乃至国家，如果能够抛掷名利如粪土，而求如水般真善，便能造就品牌。

品牌二字，作为商业概念大约不过是商品的牌号。但是仔细推究，这二字却颇有深味。先有品，而后有牌。"品"分上品、中品、下品。一旦为人所分，"牌"就自然树立了。以至一提起这个名字，就联系到某个人，某个物，某个国家，联系到他们物质和精神文化的价值。品评孰高孰低，孰优孰劣，取决于其价值。愈善，愈美，愈淡泊名利，愈有价值和贡献，愈彰显其品牌。

历史悠久的中国商业圈，千百年来淘洗出的知名品牌享"中华老字号"之美誉。技艺是真，但仅凭技艺，恐怕不足以久立于世。这些老字号苦心经营，以善作为经商准则，赢得了良好的商业信誉和广泛的社会认同。内联升、六必居、同仁堂、全聚德、东来顺、砂锅居，莫不如此。同仁堂大大小小的药瓶药盒上，总清晰印刻两排娟秀小字："品味虽贵必不敢减物力，炮制虽繁必不敢省人工。"同仁堂的金字招牌长盛不衰，在一个"善"字。同仁堂严格选药，是对顾客负责之善；秉承代顾客煎药的传统，是不顾赔本、不谋小利之善；"修合无人见，存心有天知"，是以诚为本、仁德在心之善。如果没有"善"，则在纷繁浮世中难免遭到同化，十分良心也三分泯灭，这些老字号没有陷入"利"

的淤泥的原因，无需絮语。

　　然而，品牌这个概念也是十分丰富的。它不仅标志着企业在商业领域的口碑、地位，还关乎个人、集体乃至国家。有一位农家的孩子，为自己的梦想拼搏三年进入北京大学，他的成绩平平，但是心性善良的他在勤学苦读之余，不计报酬地默默为同学扫地、打开水、提行李。他的善让同学们习以为常，却为自己树立了令人难忘的人格品牌。后来，创业路艰，老同学纷纷伸出援手。凭借他的为人之善，同学们都笑言"你有饭吃肯定不会给我们粥喝"。这位同学行善的结果是，他一手打造了新东方教育集团并使其上市，直至走出国门。他的品牌一步步壮大，从企业品牌，到教育界品牌，再到中国品牌。艰辛的荆棘路上，善的权衡若汩汩清流，是品牌的纯净之源。

　　今日，华夏儿女正致力于重塑国家品牌，而今的重塑绝不仅仅是宣传上的，更是追本溯源的、本质上的。我们坚信，在不久的将来，我们能看到用善铸就的中国品牌大行于世。

　　【点评】胸怀家国文始大。学生习作2和学生习作3，境界阔大。中国梦——中华民族的复兴；中国牌——民族腾飞的标志。文章关乎家国情怀、经济发展、文化自信。文章有气象，源于精神格局。

　　[展示] 作文题目5：阅读下面的材料，根据要求作文。

　　了解生物学的人都知道，各种生物不是独立生存的，而是生活在大大小小的生态圈中，彼此依赖，相互影响。人类社会也有各种各样的圈，大到国家，小到个人，哪个不在圈中？圈可以令人温暖、安全、成功……也可以让人狭隘、迷失、窒息……

　　面对形形色色的"圈"，请展开联想，谈谈你的感受或看法，自选文体（除诗歌外），自拟题目，写一篇不少于800字的作文。

　　【解题】换个角度看，这实质上是以"圈"为话题的话题作文。写议论文，"圈"是论题范围，观点要自己确定。

　　大话题——人类社会也有各种各样的圈。

　　小角度——可以写政治圈、思想圈、科学圈、文化圈、经济圈、军事圈、艺术圈……也可以写警察圈、教师圈、工人圈、农民圈、战友圈、朋友圈、新闻圈、京剧圈、文人圈、娱乐圈……

圈——是界线，是范围，是生存空间，是发展天地；也是限制，是拘囿，是发展障碍……

【板书】

圈可以令人温暖、安全、成功……

——角度之一，在圈中发展自己

也可以让人狭隘、迷失、窒息……

——角度之二，冲出圈子天地宽

【讲授】

"圈"的联想：

毛泽东在湖南省立第一师范学校读书时，写《二十八画生征友启事》，"修远求索，上下而欲觅同道者""愿嘤嘤以求友"，交天下奇友，做天下奇事。恰同学少年，一批志同道合的志友走到一起，彼此共同奋进，共同进步。

同声相应，同气相求。七贤聚会竹林，吟酒赋诗；兰亭集会，群贤毕至，畅叙幽情。在圈中自得其情，不亦乐乎。

毛泽东突破了以夺取中心城市为目标的圈子，与中国国情相结合，以农村包围城市，最后夺取全国胜利，走出一条新民主主义革命的新路。

邓小平突破了计划经济的圈子，把计划经济和市场经济结合起来，走改革开放的新路。

"五四"新文化运动，突破了封建专制、迷信的圈子，举起了"民主""科学"的旗帜，并积极倡导白话文，才有了辉煌的现当代文学。

林则徐，近代中国开眼看世界的第一人，冲破了"天朝大国，唯我独尊"的圈子，使黑暗的天朝照射进一抹光辉。

司马迁跳出了编年体史书的圈子，以人为主体，开纪传体史书的先河，独辟蹊径，别开生面。

韩柳古文运动，冲破六朝骈文禁锢，主张"文以明道"，提出"惟陈言之务去"，开创唐宋散文发展的新局面。

苏轼突破了词必香软、花间樽前的圈子，开豪放一派，境界始大。

王实甫冲破了本色派的圈子，其曲词铺叙委婉，华丽秀美，文采璀璨，与关汉卿等人共同繁荣了元杂剧。

武则天冲破了"女人不干政"的圈子，成为中国历史上第一个女皇帝，使社会得到发展，功莫大焉。

"休言女子非英物，夜夜龙泉壁上鸣。"秋瑾走出闺房，冲破封建枷锁，跳出"女子为男人附庸"的思想圈子，加入反帝反封的革命行列，名垂青史。

前有哥白尼，质疑"地心说"，提出"日心说"，后有布鲁诺，不畏火刑，坚持宣扬"日心说"，捍卫真理，突破了宗教蒙昧的思想藩篱，终将科学的火种撒向人间。

读书取仕，古代多少文人囿于科举的圈子，怀才不遇，不能自拔。陶渊明无适俗韵，乐耕田园，跳出了名利的圈子，拥有另一种生活，另一个天地。

……

〔学生习作1〕

圈子的力量

人大附中　傅小勇

马克思说："人是一切社会关系的总和。"各种社会关系形成不同的圈子，人也应像生物一样，在圈中汲取营养，实现自我。

柏拉图在《理想国》中指出，人是社会性动物。人的一切才能只有在与社会的相互影响、相互作用中才会表现出来。"人应让渡出部分权利，融入社会，后者必将给予他全部。"之所以说人应当积极置身圈中，正是因为人生的意义只有通过人的社会属性才能表现出来，而也唯有社会才可以提供表现的"可能性根据"。尼采说："生命之于我们，在于把周遭的一切转化为光与火。"毋宁说，正是圈中人积极汲取营养、改变自我，才使生命有了光亮，照耀每一个角落。

　　叔本华早年曾极力割裂他与社会的联系，"躲进小楼成一统"，妄想跳出社会这个无形的圈子。然而经过20多年的探索，他发现他的学术与生活都不能在孤立中存在。于是，他开始投身社会，借鉴前人成果，不断将社会实践融入他的思想体系中，取得了巨大成功。1859年，《作为意志和表象的世界》第三版再版并引起轰动，无数青年人不辞万里，从世界各地赶来拜访。晚年叔本华不无感叹地说，正是在社会中他与他的思想才释放了光芒。叔本华的成功，在于他改变自己，置身于圈中，从圈中汲取养分，在圈中找到自己发展的动力和实现人生意义的手段。由此看来，生活在圈中并积极利用，功莫大焉。

　　哲学家在圈中释放永恒的光束，科学家立足圈中仰望深邃的星空。

　　二十世纪初，爱因斯坦与另外两个年轻人一起成立了"奥林匹亚科学院"。在这个自由讨论的学术圈中，一些惊人的科学思想不断涌现。1905年被称为"爱因斯坦奇迹年"，在这一年里，他一连发表了6篇震惊世界的论文。爱因斯坦将这个科学史上史无前例的奇迹归功于他在科学沙龙的思想碰撞与交锋。在圈中汲取养分，发展自己，他得到了"大自然最真挚的馈赠"。

　　由此看来，人若想攀登成功的高峰，撷取智慧的圣果，就必须在圈中找寻力量，成就自我。只有这样，才能如玫瑰园之泥土，在芳馨中，听暮色潜动，蕴嫩芽萌发。

　　【点评】立意角度之一：在圈中发展自己。第二段说理分析，借助哲学家叔本华、尼采的言行，对人的社会属性作具体化的哲学思考和理解分析，为自己的论点提供支撑，富有哲理思辨，有说服力。此法值得借鉴。

　　〖学生习作2〗

圈内的救赎

人大附中　梁端玉

　　《肖申克的救赎》中有这样一句旁白："刚来到监狱的时候，你会畏惧这里的高墙，但时间长了你会依赖它，这就是体制化。"这，也是圈。

　　圈，它树立起四面高高的围墙，它给你一个限制，它让你窒息。有的人在圈内沉沦而迷失，真真正正成了圈内的囚徒。而有的人，在圈中选择了救赎。

救赎，是自我的拯救，是精神的不消沉。一千多年前，宋代皇帝用御笔在市井画了一个圈，圈住了那个叫柳永的白衣词人。市井是一个怎样的圈？消磨你的意志，让你沉迷，沉溺，沉沦。而柳永选择了拯救自己——用他的诗词，用他的才华。圈，可以将他的身体圈在市井，却不能将他的灵魂圈在底层。人之于圈如棋子之于棋盘，而人之于圈中的自己也如棋手之于棋子。你不能选择身体是否被圈限定，但你可以选择是否通过突围，使自己的灵魂得到自由，使灵魂脱开圈的限制。

救赎，又不仅是自我的拯救，也是对圈的拯救。《肖申克的救赎》电影中男主角安迪正是如此。他坚持写信申请为监狱扩大图书馆，他不惜以禁闭两个星期为代价，在监狱中播放莫扎特歌剧《费加罗的婚礼》中著名的咏叹调，他教狱中的犯人读书写字……他要救赎的，不只是自己，更是自己的圈。当女高音的歌声盘旋在肖申克监狱的上空，这个圈就不再仅有罪恶、绝望和压抑，更有爱、美和希望。圈是人为的，人怎样，圈便是怎样。圈中的救赎，不仅可以拯救自己，更可以挽救一个圈。你可以选择让圈圈住自己，但也可以选择让自己去改变这个圈。

现在人们常常感慨地说自己被圈住了，社会上还出现了"车奴""房奴"等词汇，好像我们是物质圈里的奴隶。然而，真正圈住我们的还是我们自己。诚然，我们被各种压力压制着，我们抑郁，我们窒息。但我们依然可以选择救赎，救赎自己，救赎身边的人，救赎社会。让我们的灵魂飞在高空，脱离圈的限制。

"世界上有一个地方是任何高墙都围不住的，那就是你的心灵"，救赎源自于心。处在圈内，不是选择沉沦的理由，而是选择救赎的机会。选择救赎的人是自由的，选择救赎的心是不会被任何圈子圈住的。圈内的救赎，可以使自己不在圈中窒息，也可以让圈不再令人窒息。

在圈中，我们都应选择救赎。

〖学生习作3〗

勿做"圈之奴"

人大附中　杜晨蕾

记者问一个西部的孩子："长大以后干什么？"

"放羊。"

"放羊干什么？"

"娶媳妇。"

"娶媳妇干什么？"

"生孩子。"

"生孩子后干什么？"

"放羊。"

"放羊—娶妻—生子—放羊"，这无形的圈可笑，可悲，而又可怕。其实生活中许多人也是如此。将自己的行为局限在一个个"怪圈"中，只会按"圈"中的规则办事。不知不觉思想麻木，行为被格式化。请切记：勿做"圈之奴"。

人，作为一种社会动物，找"圈"实际上是在寻找一种归属感，却又忽略了那是一个甜蜜的陷阱，无形的桎梏。一旦找到圈，人的惰性就会自然地表现出来。首先，圈只是帮人们暂时遮挡了危险，用封闭的方式将挑战阻隔，不利于自身真正的提升；同时机遇和可能也被拒之圈外。圈再大，圈内也不及圈外广，这是常识。从这个角度上讲，徘徊于"圈"中无异于"画地为牢"。因此，只有敢于破"圈"而出才能领略更好的风景，走出新的道路。

不做"圈之奴"，往往意味着寂寞，需要独自奋斗的勇气。而这本身就是一种成功。正如斯宾诺莎，独特的见解使他追求到了属于自己的哲学，独立的风格使他对庸俗的社会不屑一顾。因为他知道，只有跳出当时哲学家们组成的"圈"，才能静下来进行自己新的哲学思考。"最孤独的是过程，最丰厚的也是过程。"这是对他最好的诠释。然而，反观现在，多少研究人员为在所谓的"学术圈"中找到自己的位置而焦头烂额。一旦入圈，又忙着适应"圈"中规则：使自己的研究迎合市场，最重要的是实现利润最大化；忙着拜师入门，因为人们关心的首先是他出自谁的门下。殊不知，学术是没有界限的。只有跳出学术的"怪圈"，潜心研究，才能超脱"俗"气，结出新成果。这才是真正的学术创造。

"圈"确实无处不在，而破圈而出才可为大千世界。"文起八代之衰，道济天下之溺"，韩愈古文运动打破了骈文的"模式圈"，使唐文坛重现先秦文风的朴素自然，清新典雅；"戈戟云横""遥拥峥嵘"，豪放派超脱了婉约的闺房粉黛，又为宋词增了多少酣畅淋漓；"晓来谁染枫林醉？总是离人泪。"文采派由当行本色的基础上发展创新，更为元杂剧平添了几抹华美秀丽。

"圈"确有着诸多优点，但在被圈的光环遮蔽双眼前，请不要忘记：圈是温暖的，却也是存危的；是安全的，却也是封闭的；是稳定牢固的，却也是停滞落后的……面对"圈"的世界，我们固然不提倡"全凭铤而走险"式的成功，但我们要追求敢于超越"圈"的螺旋式上升。

"纵有千古，横有八荒。"勿做井底之蛙，勿做"套中人"。

【点评】学生习作 2 和学生习作 3 属于一个向度：跳出圈子，别有天地。在不健康的圈内，我们要勇于突破、突围。两篇文章起承转合，理据充分。开笔都借助引用，引出论题，精彩精美，是为"凤头"；第二篇文章结尾"勿做'套中人'"，化用契诃夫小说题目"装在套子里的人"，形象生动，可谓机巧。这一点作为学点，不难。

【大结】要之，范围型题目规定了议论范畴，需要根据自己的知识、能力储备立意定题。然后，按"起承转合"结构成章。

板书提要

第三讲　范围型题目写法讲析

一、命题特点及形式

命题特点

提供议论范围　需要自主立意

命题形式

（一）以"命题作文"面目出现

（二）以"给材料作文"面目出现

▲审题的一般步骤

1. 精读材料，准确把握关键词句，明确指向范围

2. 根据材料关键词句和指向范围，提出中心观点

（三）以"话题作文"面目出现

二、审题立意

从具体的写作中得到训练、提升

第四讲

关系型题目写法讲析

【导语】斗转星移。这一堂议论文写作训练课，我们讲关系型作文题目的写法。

一、命题特点及形式

【思问】关系型题目有什么特点？

【讲授】顾名思义。关系型题目就是作文题目大多是由两个词语（词和词组，词组也叫短语）用连词"和"或"与"连接起来，以话题或标题的形式出现。多表述为：请以"×××与/和×××"为题写一篇文章；请以"×××与/和×××"为话题写一篇文章；关于"×××与/和×××"，你有怎样的认识和感悟，写一篇文章等。

📝【板书】**命题特点及形式：×××与／和×××**

【思问】这两个词语一般会有怎样的逻辑关联呢？

【讲授】这个问题比较复杂。"×××与/和×××"，前后两个词语，从形式上看是并列关系；从内容上看就复杂一些。为便于理解，我们试作举例说明。

其一，如"自信与自负"，这是一个问题的两种表现，程度不同，本质不同。

其二，如"立志与成才"，二者是条件关系，立志是成才的前提基础。

其三，如"得与失"，二者是对立关系，反映出一个人的得失观。

其四，如"出人意料与情理之中"，二者是从两个不同的角度认识事物，从结局看是意外、偶然，若从过程看是合情理、必然。

其五，如"独行与同行"，二者是并列关系，是两种不同的行为方式。

其六，如"个性发展与祖国需要"，二者是个人与国家的人生选择问题，关涉一个人的三观。

……

二、审题立意

📝【板书】（一）逻辑关系

1. 一个问题，两种表现、情况

2. 条件关系

3. 对立关系

4. 两个角度认识、分析事物

5. 并列关系

6. 选择关系

……

【讲授】需要强调的是："×××与×××"，前后的逻辑关系因内容不同而变更，不可生搬硬套，要具体问题具体分析，做出合理正确的认知判断。

📝【板书】（二）自主立意

【讲授】关系型题目，与范围型题目有相近之处，就是规定了议论的范围，但它比一个论题更具体明确一些。观点还是需要作者根据前后两个词语的逻辑关系和自己的认识理解、材料储备等自主确定。

[展示]（全国高考）作文题目1：阅读下面的材料，根据要求写作。

有一次，人们问丹麦物理学家玻尔教授："您创建了一个第一流的物理学派，有什么秘诀？"不料玻尔教授却回答说："因为我不怕在学生面前显露我的愚蠢。"听到这个回答，大家都感到十分诧异和不解。

玻尔的回答确实出人意料，但仔细想想又在情理之中。生活中我们常常会遇到类似的情况，请以"出人意料和情理之中"为话题，自定立意，自选文体，自拟标题，写一篇不少于800字的文章。

【解题】阅读完这个作文题目，我想起了英国首相丘吉尔。

［展示］

决不放弃

1948 年，牛津大学举办了一个"成功秘诀"的讲座，邀请到了当时声誉已登峰造极的丘吉尔来演讲。三个月前，媒体就开始炒作，各界人士引颈而望，翘首以盼。这一天终于到来了，会场里人山人海，水泄不通。人们准备洗耳恭听这位大政治家、外交家、文学家（丘吉尔曾获诺贝尔文学奖）的成功秘诀。

丘吉尔用手势止住大家雷动的掌声后，说："我成功的秘诀有三个：第一是决不放弃；第二是决不决不放弃；第三是决不决不决不放弃！我的演讲结束了。"说完走下讲台。

【解题】这难道就是大政治家、外交家、文学家丘吉尔的成功秘诀吗？确实有些出人意料；但细想，正是这种"决不放弃"的精神，才使得丘吉尔走上了事业的峰巅。

再来看丹麦物理学家玻尔教授的秘诀："因为我不怕在学生面前显露我的愚蠢。"让人颇感意外，细一参察，又不无道理。在探求科学真理的道路上，固有的常识、习惯性思维是科学的大敌，怀疑和否定是打开真理大门的两把钥匙。玻尔教授能打破世俗的观念、现成的做法，大胆地怀疑和否定，难免会在学生面前显露出他的"无知""荒谬"，甚至"愚蠢"，而这正是有所建树、有所作为的前提，是"不怕丢丑"使得他大胆设想，小心论证，独树一帜，有所发现和创新，这不是最合情合理的诠释吗？

再来看题目要求：请以"出人意料和情理之中"为话题，自定立意，自选文体，自拟标题，写一篇不少于 800 字的文章。所写内容必须在话题范围之内。

这是一个双概念思辨型的题目。"出人意料"是对结果的感性认知，"情理之中"是对过程的理智判断。这个题目考查学生对事物、生活理解的角度和深度。看似"出人意料"的事情，实质上都有着"合情合理"的内核；看似偶然的事件，实际上有着"合乎情理"的必然。

请再看一篇短文：

[展示]材料1：

沧州南，一寺临河干，山门圮于河，二石兽并沉焉。阅十余岁，僧募金重修，求二石兽于水中，竟不可得，以为顺流下矣。棹数小舟，曳铁钯，寻十余里，无迹。一讲学家设帐寺中，闻之笑曰："尔辈不能究物理。是非木杮，岂能为暴涨携之去？乃石性坚重，沙性松浮，湮于沙上，渐沉渐深耳。沿河求之，不亦颠乎？"众服为确论。一老河兵闻之，又笑曰："凡河中失石，当求之于上流。盖石性坚重，沙性松浮，水不能冲石，其反激之力，必于石下迎水处啮沙为坎穴，渐激渐深，至石之半，石必倒掷坎穴中。如是再啮，石又再转，转转不已，遂反溯流逆上矣。求之下流，固颠；求之地中，不更颠乎？"如其言，果得于数里外。然则天下之事，但知其一，不知其二者多矣，可据理臆断欤？

选自纪昀《阅微草堂笔记》

📝【板书】材料1：河中求石——合乎物理

[展示]材料2：项羽兵败，自刎乌江

【解析】力拔山兮气盖世的霸王，楚汉战争中连战连捷，未曾有败，垓下一役而亡，有些不可思议。冷静下来一想，项羽为人上的弱点，政治上的幼稚，用人上的失当，早在鸿门宴上的一番较量中就已判然，兵败只是时间早晚的问题。

📝【板书】材料2：项羽兵败——合乎事理

[展示]材料3：

赵太后听从左师触龙的劝说——"父母之爱子，则为之计深远"，让爱子长安君到齐国作人质，保住了赵国。

📝【板书】材料3：赵太后舍子存国——合乎情理

[展示]材料4：2004年度"感动中国"人物——任长霞

【解析】一方公安局局长，在中国何止千万？唯有她，赢得百姓夹道相送，泪洒长街。多少官员死后寂然无声，而任长霞一个女子，却赢得百姓这样爱戴，奇怪吗？其实一点也不奇怪，因为她真正实践了毛泽东主席的号召：
"为人民服务！""有的人死了，他还活着。"说的就是任长霞这样的人吧！

【板书】材料4：任长霞——*出人意料，但在情理之中*

【讲授】在学习上，我们常常会遇到类似的情况。比如，哪年高考都会出现一两匹"黑马"，成绩突出，出人意料。但只要我们把他的高考成绩与他平时的学习态度、学习精神和学习过程联系起来看，就会得出"实属必然"的结论。

以"出人意料和情理之中"为话题写议论文，可以主谈"出人意料"，可以主议"情理之中"，还可以将二者并提，并论"意料之外总在情理中"。

【思问】立意时，两个方面可以选择侧重一方面，也可以同时并论，是吗？如果是这样，那么，写作力量上如何分配？

【讲授】这个问题只能笼统回答，仅说个大概，以作参考。为了不引起误解，我这样表述：若选择侧重一个方面作文，必须在两个方面的背景上，主论一个方面，切不可弃另一方面于不顾，导致泛化。因为这是要求以"×××与/和×××"为题/话题写文章。若选择两个方面并论，依着两个方面的具体逻辑关系进行论证就可以了。请注意：这是笼统表达，不可作为公式生硬拘泥地理解，还要依具体的题目而定。因为词语内涵不同，两者的关系就不同。还是那句话："具体题目具体分析，见题写作。"

【板书】*写作力量分配：在A和B的背景上，主论A或B；A与B并论，依从关系和论点；"具体题目具体分析，见题写作"*

三、行文表达

【过渡】关于关系型题目的特点和如何立论就讲这些。具体到怎样行文，请参照下面的写作样例：

[展示]（海淀模考）作文题目2：阅读下面的材料，按照要求作文。

有人说："想要走得快，就单独上路；想要走得远，就结伴同行。"这引发了你怎样的感悟与思考？

关于"独行与同行"，你有怎样的观察、认识和感悟，请自选角度，自拟题目，写一篇不少于800字的议论文。

【解题】立意角度：一、独行；二、同行；三、既独行又同行。

[展示] 立意角度之一：独行

〖学生习作1〗

大鹏总是孤独的

人大附中　刘在东

翱翔天际、抟扶摇而上九万里的大鹏总是孤独的，它专心独行，奔向自己远大的事业。倘使它也似燕雀般成群结队，叽叽喳喳互相吵闹不停，有了这许多干扰，定不能完成图南的万里壮举。

人也是如此，只有懂得在独行的寂寞中磨炼自己，专注前方，才能实现自己的理想。

诚然，人是群居动物，学会与他人合作十分重要，但在我们的一生中，没有谁可以陪伴终生。孑然一身行走在人生的路途上，方知学会在独行中砥砺自我更加重要。因为独行，所以才能将全身心贯注于一件事上，水滴石穿，终能有所成就。与他人合作，则必然会带来干扰，每个人的想法不可能永远一致，就像滔天巨浪，固然蕴藏着强大力量，但拍击在坚硬的岩石上时却留不下丝毫痕迹，远不如将力量集中于一点的水滴。独行，避开他人的打扰，才能在安静中砥砺自我，取得进步。

大鹏总是孤独的，它不去留心斥鷃、蜩与学鸠的质疑，不会浪费丝毫精力去解释，它默默积蓄着力量，独自飞翔，去完成自己的大事业。大师总是孤独的，钱锺书谢绝了几乎所有的采访，清华大学的图书馆中总有他孤独的身影，冷僻书目的借书单上常是他一个人的签名。他在学问的路上独行，独自完成了《管锥编》这部皇皇巨著，不断追求着自己人生的大志向。

在人生的长路上，质疑和夸耀无数，大师们明白这个道理，毅然选择了独行，谢绝他人的干扰。当媒体总是惊叹于钱锺书"这个脑袋是怎么长的"时，却忘了他两耳不闻喧嚣事的一人苦读；当人们总是钦佩《红楼梦》中对人物传神的描摹时，却忘了曹雪芹"十年辛苦不寻常"的孤独创作。没有世俗繁琐的牵绊，没有与同伴不合的干扰，他们独行向前，取得了常人难以企及的成就。

当今社会，结伴而行的热闹受到了更多人的青睐，独行却总被冠以孤僻之名，甚至于钱锺书的专注都被说成是"孤傲"。我们总是在受制于别人的意见，缺乏独行的勇气，又或是毫无独立思考，随意附和他人的见解。于是，在一片喧闹声中，神州大地上树木丛丛，难望巨木。因此，我们要学会独行，远离窗外的喧嚣，让内心在平静中自我反省，自我磨炼，更加专注地去追求那蔚为壮观的大事业、大志向。

别忘了，大鹏总是孤独的。

【点评】题目"大鹏总是孤独的"，借用庄子《逍遥游》中的大鹏鸟典故表明观点——独行，是为了奔向自己远大的事业，表达有文。使用正反说理方法，对比独行之利与同行之弊。例举钱锺书、曹雪芹两位大师，典型恰当。接着，联系人们的认识偏见，强调要学会独行，去追求那蔚为壮观的大事业、大志向。起承转合，章法谨严。

〖学生习作2〗

一个人上路

人大附中 李佳润

有人说，"想要走得远，需得结伴同行"。然而，为摘得高山绝壁之巅的一朵雪莲，你必须排除万难，独自攀登；同样地，为追逐星辰大海的远大梦想，我们也需一个人上路。

人各其志，人各其才，我们每个人都有自己的方向与既定的人生轨道，无法与他人同往。更何况，当人们渐渐看透"成功很苦"的道理，"聪明人"便选择了平庸，他们看不见也不愿再看见更远的风景。因此，志存高远、心怀远大的人便成了另类，他们不被人理解，甚至遭到嘲讽和排挤。于是，他们选择了独自上路。他们拒绝屈从，绝不迁就，因为他们的梦想独特而远大，即使无人作伴，也值得他们一生求索。敢于一个人上路，追求常人不敢想之志、行常人不敢走之路者，已经迈出了通向远方的第一步。

选择一个人上路，便等于失去了能够在困难之时相扶的一双双手。然而，斩断荆棘，突破枷锁，最终抵达远方者，却多为独行者。因为他们早在这条一个人的路上学会了如何应对困境，如何以坚定的意志破除困难。失去他人的依靠，也许会踉跄，会摔倒，但与此同时，独行者丢掉了沉重的包袱，舍弃了内心下意识的软弱与依赖。在经历了风雨的洗礼和时间的打磨后，他们坚信一个人的灵魂照样可以强大，可以在狂风骤雨中屹立。他们不愿做众人护佑方可绽放的娇花，而愿做那咬定山岗迎风傲立的青松，一个人撑起自己的理想天空。

志于星辰大海的伟大者之所以伟大，就是因为当他们一个人上路后，凭着自己对既定理想的无所畏惧和坚定追逐，他们走得更快，也更远。国学大师钱钟书一生践行着"要做完整的人，过没有一丝一毫奴颜和媚骨的生活"的座右铭。不管外界如何风云变幻，他始终锲而不舍地埋头做着学问，用半辈子寒窗的寂寞，保持着高尚的人格操守和独立的学问品格，硬起脊梁笔直地走自己要走的道路，愈走愈远，终成一代博学鸿儒。而另一位绘画大师徐悲鸿，也在年轻时前往法国拜师求艺。他忍下生活贫困，忍受一个人在外的孤独，日复一日地手执画笔，终以兼具"西洋之严谨写实与国画之灵动自由"的奔马，享誉中外画坛，走在了中国现代美术之路的最前方。

一位作家曾说："在开阔平坦的平原，你或许可以与同伴们携手走过；然而到了荆棘密布的丛林，你们只好各自上路。"可是，怀揣梦想独自上路的人们都知道，穿过丛林，远方的旭日将会为他升起。

【点评】本文讲道理思路清晰。第二段言志存高远者毕竟是少数，独行成为必然；第三段说一个人上路没有外人干扰，意志更加坚定，定当全力以赴，成功可待。道理通畅，较为充分。此为习作亮点之一。

〖学生习作3〗

人生大道须独行

人大附中 卢丹云

在追求人生价值的道路上，有人选择结伴而行，与同伴相互勉励，抱团取暖，而我却认为，人生大道须独行，只有不忘自己独一无二的初心，才能看到与目标间的最短距离；只有勇往直前不受制于私情他见，才能直奔目标，锤炼真我。

一句非洲的古谚这样说："想要走得更快，请独行。"确实，当梵高创作出《向日葵》时，当马云创办阿里巴巴时，当乔布斯向世人展示初代苹果手机时，他们都是各自领域的独行者，也是先行者。

的确，独行就是这样一种与众不同的态度，是一种最直接、最有效、最勇敢的坚守。它的必然性源自世界上每个人的独一无二，从没有两个人的思想、目标完全一致，也就从没有两条道路完全重合，同行永远只意味着一方的妥协退让；它的可能性源于一个人对内心最本真的认识，最彻底的了解，和对自己理想最忠诚的捍卫。独行并不是两眼紧闭，不见世界之广大，不闻他人中肯之建议，而是从万花丛中穿过后，仍对心里盛开的白莲情有独钟。独行，不仅是坚定决绝，更意味着孤独。但与其说这是环看四周荒无人烟，不如说这是归于内心的沉寂，更是锤炼自我境界的绝佳机会。张亚勤曾说："当人沉静下来，智慧升起。"我想，大概像一块受尽磨砺的坚石，再不会随风晃动；像一片深流的静水，再无波澜。一颗心何以忍受这漫漫寂寥，一个人该如何提高和拓展自己的速度和广度以至巅峰？独行者知之。

坦然将灵魂置于莲花宝座上，李贽撂下几篇大作，给我们答案。背向传统儒学，他不依权威，摆出"内含于章美"的价值取向，做几千年长夜中一颗极亮的星；批判重农抑商，他倡导功利价值，做一个真实的、有独立思想的读书人。

岿然立于鱼龙混杂的民国时期，独立报人邵飘萍用笔墨给我们答案。在四十年的生命中，他高举"最好的记者应是真正的自由主义者"的旗帜，拒绝与任何政府、党派结盟。袁世凯窃国，张作霖残酷，他用犀利的文字进行讽刺，高喊"报馆可封，记者之笔不可封也。主笔可杀，舆论之力不可蕲也"直至就义。他将自己短暂的生命历程送上"新闻自由"的祭坛，更为新闻界立下一条"明现实社会中事物之真相"的原则和底线。在民国乱世中，以血告诉那些做着与党派"合作共赢"之梦的苟且附庸者们，只有独行，才能写我所想，立我所望！

着眼现今社会，今日鼓吹有了钱才能拥有一切，明日便出现数不清的梦想和情怀，太多人以为自己紧随潮流，却一直流浪于多数派的世界，混迹于流行的浪潮。宽慰自己的同时，失去了奋力拼搏的勇气，也使他们忘记了最初的那颗属于自己的心……

古往今来，纵观中外，伟人们总不惮以最孤独的身姿站立在最高峰；志士们总不畏将最坚定的背影留给身后无数臆测者。当你因朋友的分离而苦恼，因他人之语而烦扰，请铭记：人生大道须独行。

【点评】经营文章的亮点，才是硬道理，材料新颖便是一法。思想家李贽对被封建统治者奉为金科玉律的儒家经典和孔孟之学进行抨击，可谓"异端"；邵飘萍独立办报，秉笔直书，可谓勇士。材料新，令人耳目一新，值得学。

〖学生习作4〗

独行致远

人大附中　唐歌吟

有人说，要想走得快就独自上路，要想走得远就结伴同行。这句话无疑强调了同伴的重要性，似乎在告诉我们，个人的英雄主义往往走不到最后，只有互相扶持的生命才能长久。而我却以为，同行未必可靠，快步前行的独行者却常常能到达最远的目的地。

在荆棘密布的文艺之路上，挤满了渴望通往艺术之巅的行路者。艺术追求从来都不是轻而易得的，在艰难的创作过程中寻求他人真实可见的帮助，或仅仅是精神上的陪伴和支持，在很大程度上可以缓解行路的压力，甚至让行走变得轻松愉快。于是，大多数人选择了结伴同行，以为这样虽慢，却终有一日可以实现属于他们的长远。殊不知，这便是他们堕入平庸的开始。

相伴而行，难免相互影响。自身习惯性依赖而产生的惰性，与同伴不可避免的牵绊，在不知不觉中降低了队伍的整体水平。而这时，坚定的独行者早已快步上路，在大部分人都不愿跳出舒适圈而抱团取暖的时候，达到了同行者们永远也无法企及的高度。

当西欧的画师们沉溺于宫廷的声色，描摹着金碧辉煌的宫殿，在宗教的光芒下生存，莫奈独自上路。他走进枫丹白露密林的深处，走向大自然的彼端，探索光与影的奥秘，他一人追光而行，一日便能完成五六幅作品，在漫漫创作路上，他以数量遥遥领先，快人一步；同时，他又在无尽的《干草垛》和《睡莲》中提升自己，使其对光影色彩的把握达到一个巅峰，将印象派的创作推入新的时代。可见，独行者不仅能在速度上远逸众人，更能在距离上出人千里。

萨特说："他人即地狱。"纠缠和牵绊使人丧失力量，无法清醒；而只有跳出人群的包围，才能逃离思想的禁锢，冲破行动的障碍。不人云亦云，不跟风从众，不随波逐流，才能有不一样的突破，继而在创作的道路上排开众人，到达最远的地方，拥有最开阔的景致。所谓"夫夷以近，则游者众，险以远，则至者少"，走得最远的，往往只有那些不为人言动摇，不怕独自辛苦，坚定向前的极少数独行者。

于是，东方大地上孤独的呐喊者最终走向了不朽；阿姆斯特丹小镇上特立独行的画者不流于传统群像的绘画方式，留下《夜巡》为后人追赶模仿；无亲无友的雕塑家，赶走所有帮手，用独自苦役般的生活，让《大卫》和《创世纪》在美术史里闪闪发光。他们——文艺之路上的独行者们，最终都到达了最远的地方。

独行者致远。

【点评】本文选定"文艺"领域立意论证，可列入"专题文"类。于是，说理举例皆为文艺之道、艺术大师。分析说理可与文艺联系更紧密些，材料使用有法，以莫奈为点，又及其他文艺大师，点面结合。甚好！

〖学生习作 5〗

健行于寂寥的小径

人大附中　王鹤立

海德格尔曾为文学路上的独行者留下这样一句箴言:"前行不息,无须迟疑和躲避,健行于你寂寥的小径。"把这句话的言外之意补全,我们似乎可以说:"独行的小径,通往文学的峰巅。"

20 世纪 20 年代,冷漠自私的城市里,那是谁的身影? 独行于人生的灰暗丑恶,却用温情的笔触,描出人性的光辉美丽,他写道:"孤独一点,在你缺少一切的时节,你就会发现,原来还有个你自己。"那一年,这个生长于偏僻小城的野精灵,用湘西凤凰城的水,洗涤了城市的污染。那个独行者,叫沈从文。

20 世纪 30 年代,摩登女郎结伴去往电影院,新派青年在沙龙里侃侃而谈。那是谁的身影? 独行于寂静的图书馆,取下布满灰尘的古书,用指腹摩过发黄的脆页。那一年,他搜遍了整个清华图书馆,许多冷僻的线装书的借书单上只有他一个人的名字。那个独行者,叫钱锺书。

20 世纪 50 年代,单纯强调文学为政治服务。那是谁的身影? 独行在文学的天地中,不苟合时务,不迎合运动,只在白洋淀的水光荷影中做着最清纯的幻梦,在自己的人文绿地中周身不染,那一年,成就了他这一朵特立独行的文坛奇葩。那个独行者,叫孙犁。

无论是沈从文、钱锺书,还是孙犁,是什么使他们比那个时代的任何文人都走得远,直到今天还被人们时时提起呢?

两个字:独行。独行有种特别原始的魔力,将我们整个抛入事物存在的核心,当一个人前所未有地远离世俗与热闹,名利与欲望,他就前所未有地接近了文学与生活,存在与生命。一个文学创作者,没有独行提供的清醒感和抽离感,就无从冷静地审视,准确地剖析,纯粹地思考,也就无从成为真正伟大的文学家。时至今日,我们只感慨《边城》精巧的希腊小庙式结构,拥沈从文为"京派文人的重镇",却总是忘了他的独行,忘了他是从世俗的灰烬里捧出纯净自然的花朵;我们只讶异近乎天书的《管锥编》,赞钱锺书为"大师风华绝代，天才卓尔不群"，却总是忘了他的独行，忘了他两耳不闻喧嚣事的用心苦读；我们只神往《白洋淀》的练达明彻，仿佛缀在荷叶上的颗颗露珠，誉孙犁为"荷花淀派"的开创者，却总是忘了他的独行，忘了是怎样坚硬的骨气支持这荷叶整整十年不被雨打风吹去。

有的人，他们想要走得快，于是奔波在喧嚣的尘世间；有的人，他们想要走得远，于是健行在寂寥的小径上。单独上路，走得坚毅，无畏城市的虚伪和寂寞的蚕食；单独上路，走得坚定，无视世俗的引诱和声色的媚眼；单独上路，走得坚实，无惧权势的威压和前途的风雨。

健行在寂寥的小径上，前进在光荣的荆棘路上，这些文学大师们比任何人都走得更远，他们书写了常人无法想象也难以企及的波澜壮阔。而这，将比时代存在得更久。所以，我们尽可以说："独行的小径，通向文学的峰巅，甚至时间的尽头。"

【点评】本文选定"文学"领域立意论证，可列入"专题文"类。此文思路结构模仿欧阳修《五代史伶官传序》。为便于学习，特梳理行文脉络。起：名言警句入题，健行于寂寥的小径。承：事实论证——沈从文、钱锺书、孙犁，胜于雄辩。转：分析材料，阐明道理，令人服膺。合：重申观点，收束全文。此外，语言表达较为老道。"把这句话的言外之意补全，我们似乎可以说：'独行的小径，通往文学的峰巅。'"担心读者不易接受，"似乎可以说"，不那么肯定。经过有理有据地分析论证，作者有了底气，相信读者也会深信不疑。于是，结尾表达为："所以，我们尽可以说：'独行的小径，通向文学的峰巅，甚至时间的尽头。'""尽可以说"，言之凿凿，不容辩驳。此文可列入范文品级。

[展示]立意角度之二：同行

〖学生习作6〗

结伴而行才能走得更远

人大附中　刘佳音

通往成功之路上的行人总是姿态各异：有的只身一人奋勇向前，凭借一己之力迅速获得领先地位；有的则携三五好友共同上路，虽少了些灵活，却也走得平稳。在这场竞赛中，究竟谁能获得最终的胜利？

独行者们可谓一马当先，而时间一长便感到越发孤寂无力，停留在中途；而结伴同行的人却相互扶持，一步步迈向终点……成功是一场长途跋涉，同行的人不仅是一种陪伴，更是让我们走得更好、走得更远的保证。

就拿圣人孔子来说吧。他之所以能成为至圣，不但因为他是儒家思想的创始人，还因为他没有独守这份思想，而是把它通过私人讲学传播出去，吸引了许多志同道合之人来与他一起走儒学之路。那三千门人弟子，我想他们除了向孔子学习之外，也给了他希望和动力。当孔子周游六国、历尽艰辛却仍未实现理想时，内心是否也曾有过失落和迷惘？可他看到自己并不是孤零零的一个人，在他的身边还有颜回这样的君子同行，便会有一种欣慰和释然。他说自己"乐以忘忧"，乐从何来？尽管难以得到君主的赏识，但有孔门弟子与自己同行，使儒学传承于世而不被废弃，也足以为乐了。与人同行，才能在迷茫时得到支持，在疲惫时得到慰藉，在黑暗中看到远方的光芒。

在数千年之后的今天，有才能、有智慧的人也不少。有些人选择独自走上创业之路，其公司在运营之初发展很快，一跃成为行业的新星。可一旦遇到了困难，他却发现没有智囊团的自己不得不一个人面对时代所带来的巨大压力，最终不堪重负，与成功失之交臂。正相反，南迁的大雁在这一点为我们做出了榜样：它们总是成群结队，排成"人"字形，轮流充当领头雁，去承受那最大的阻力。根据物理学家的研究，雁群集体飞行的路程要比独自飞行远70%以上，因为它们分摊了南迁之路上的困苦与艰辛。可见，只有结伴而行，才能在困难和压力面前相互帮助、相互取暖，挺立于时代的浪潮当中。

假如这个孤独的行人侥幸克服了困难，那么他的事业便可以平安无事了吗？其实不然。正所谓"智者千虑，必有一失"，个人实力强大的独行者们，谁能保证自己没有选错路的时候？不幸的是，有些路一旦选错，是很难再翻盘的。有的人就是因为身旁无人为他指点迷津，被眼前一时的利益蒙蔽了双眼，独自走上缺德违法的道路，最终受到法律的制裁。可见只有结伴而行，才能在走偏时被拉回正路，不忘初心。

有言曰："走得快不如走得稳。"如果你的目标不在眼前而在远方，那么，请结伴而行。

【点评】本文以"雁群南飞"为喻，阐述道理，论述观点，是很巧妙的说理方法。自然现象林林总总，植物本性、动物习性，品类浩繁，形性各异。格物致知，以喻其理，形象生动。比喻论证，此法当效。

〖学生习作7〗

行远须求伴

人大附中　张雪琛

一棵高树立于荒原，风必摧之；两根柱子支撑起来的木桥，却能长久地矗立在滔滔河水之上。一个独行的人往往走到半路就会力竭倒下，但志同道合的两个人，往往能搭着对方的肩膀走得很远。这样，我们就要说，行远须求伴。

那个和你本心相同、方向相同、终点相同的人，就像你身侧的一面镜子，当你安于闲逸、裹足不前时，照出你内心贪图享乐的瑕疵，为你挡住穿经俗世途中的种种诱惑，蒸干你的虚妄，使你在他身上重新看到二人共同的目标，找回动力。而当你落入命途惯于捉弄人的陷阱时，他又能拉你爬出泥淖，洗净你蒙尘的躯体和疲惫的心灵，重整精神后同他共立在半途中，奋勇前进。结伴的可贵之处，在于两人的力是相互的，他们像竞相追逐的旅雁，翱翔在属于他们的无尽蓝天上。由于有同道的伴侣，他们的灵魂无比快乐，内心无比坚定。而独飞的斥鷃，微风细雨就能摧垮它弱小的身体，香花嫩草就能摇动它脆弱的意志，它永无可能赶上天边的飞雁，只能终生栖息于蓬蒿之间。

一个有幸找到同伴的人，相当于获得了双份的意志和能量，他凭此精神的强劲，在求道之路中经受住雨雪风霜，在温柔安逸中不失方向，在时间长河中永葆青春强健的心和不竭的动力。

在荒无人烟的草原上，经过三个日夜的绝食少水和负重奔跑，士兵许三多和两个同伴看到尽头那辆猎豹车——特种部队老A选拔的终点。许三多和成才架着有脚伤的伍六一向前狂奔，与其他的参赛者进行最后的赛跑。但当看到远处一个刚从山弯里转出的兵倒在汽车跟前时——那是第一个到达的兵，三个人一起选进老 A 的宣言失去意义，成才一愣之后放开伍六一，冲过终点。而在只剩最后一个名额的情况下，许三多还是嘶吼着不愿放弃战友。成才的行为让老 A 不愿接纳他，他被发配到草原五班磨洗天性的孤僻虚伪，而始终坚持和战友结伴同行的许三多，留在了特种部队得到了大的发展。

由此可见，在这个成就多元化的时代里，求伴的重要性更甚于信息闭塞的古代。高山流水命定式的知音固然可贵，但求伴以致远的心态更加值得肯定。一个人的成功，往往因为他背后坚实的团队力量。扎克伯格与伙伴的合作同行，才缔造了如今鼎盛的社交网络；技术、开发、生产部门的共同努力，才使乔布斯创造出变革时代的苹果产品；马克思和挚友恩格斯的协作探讨，才诞生出伟大的经济学巅峰著作《资本论》。

"嘤其鸣矣，求其友声，相彼鸟矣，犹求友声。矧伊人矣，不求友生？"连小鸟都欢唱着寻求它的同伴共栖于枝头，我们为何不为行远而求伴呢？

【点评】文章以比喻开头，引出论点；结尾引用《诗经》中诗句，落笔扣题，首尾呼应。行文中使用排比论据："扎克伯格与伙伴的合作同行，才缔造了如今鼎盛的社交网络；技术、开发、生产部门的共同努力，才使乔布斯创造出变革时代的苹果产品；马克思和挚友恩格斯的协作探讨，才诞生出伟大的经济学巅峰著作《资本论》。"又借物形象说理，运用对比，即追逐的旅雁与独飞的斥鷃相形对照。多种修辞方法的使用，文章文采得显。此为亮点之一。

〖学生习作 8〗

"哥本哈根"的辉煌

人大附中　安子瑜

有人说，想要走得快，就单独上路；想要走得远，就结伴同行。征服人生的长途，似无非这两种方式。独行，还是结伴？这是个问题。

我认为，远行者绝不孤单，大多会选择结伴而行。

不知从什么时候起，我们对引领时代的巨人形象产生了误解。我们常提起"一个人的事业"，那些科学巨匠或文化大师，也总是更多地给人"独行者"的感觉。人生路上，一个人纵健步如飞，还是要有停下的一天。可是不要忘了，

《西游记》中师徒四人彼此扶持才历经九九八十一难取回真经；长征纵使伟大，过草地时倒下的战士也要在同伴的呼唤与帮扶下，才不会坠入"永远的沉睡"。独行不如同行，一个人的脚印无法遍布每一段征程，而同伴会为你走完剩下的长途。

科学界曾有这样一次巅峰对决——"玻尔－爱因斯坦论战"。在第六届索尔维会议上激烈的辩论中，玻尔小胜，哥本哈根学派获得了更多科学家的认同，并以此为新的起点，走向辉煌。这次重量级对决本无所谓胜负，而更像是量子力学和相对论这两大现代物理学基础之间的碰撞与交融。然而"哥本哈根"的辉煌背后独特的科学研究方式却令人深思。与爱因斯坦的个性化研究不同，玻尔从来坚持合作者"多多益善"。哥本哈根学派的大本营中，玻尔凭自己个人的学术魅力，吸引了大量志同道合的朋友，培育、提携了一批年青的继承者。

就这样，当人们提起相对论时，想到的只有"爱因斯坦"一个名字，而当人们提起量子力学和哥本哈根学院，手中握着的是一长串名单，并且随着哥本哈根精神的继续发扬，这串名单还会延续。这是一场不止于学术的辉煌，事实上，玻尔对量子力学的贡献权重在逐渐变小，而他在科学界的精神重量却与日俱增。不为别的，只因为他和他的后继者们让科学走得更远，也更稳健。

在对革命伟人、文化巨匠李大钊的描写中，让我记忆最真切的是这一形象：他像一只"老母鸡"，总带着一群"雏鸡"，他们围在他身边，"接受他的爱抚和引导，学习生存也学习斗争"。当个人的力量已足以维系生存和发展，"众"的力量实在是为了让整个群体走得更远，让脚下的路向更多未知的领地延伸。这也就是为什么李大钊从容赴死，革命并未终止；玻尔离世，哥本哈根学派常青：真正的远行者，必结伴同行。

现代物理学的辩论还将继续。而哥本哈根精神，最终会在与时间的决赛中胜利，并走向新的辉煌。

【点评】本文列入范文品级，有理有据，文质兼美。文章内容知识性、论证性统一，表达文采与朴实兼具。读完此文，便知读书的功用。

〔学生习作9〕

吾将同行而求索

人大附中　李续双

子曰："德不孤，必有邻。"人生是一个怀着理想攀登求索的过程。若想求之深而得之远，则当与同道者相伴而行。

晏子曰："常为而不置，常行而不休。"走得远的前提是保持健行不息的毅力。而长路多舛，一个形单影只的个体难免因力量微薄而精疲力竭、半途而废。就好比一根鹰羽，不论它自身如何坚韧致密，一缕微风即可将之玩弄于股掌。相反，只有当一片片鹰羽按照一致的方向合成一对翅膀时，才可到达更辽阔的高空。何况，现实中的同行又岂止是气力的简单叠加？困厄时相濡以沫，险绝处砥砺共进，群策群力，众志成城，这便是有志者们总能稳健而有恒地向更远处进发的原因。

星星之火，非结伴守护不能成其燎原之势。1955年，罗莎·帕克斯的拒绝给白人让座如一缕火苗落在了种族危机深重的美国。假若他人皆无动于衷，这一点火星只能被掐灭在监狱。但罗莎并不是一个人。不到4天，在蒙哥马利便掀起了轰轰烈烈的黑人拒乘运动，有人宁肯徒步20英里也不接受种族隔离的公交车。难道黑人的地位只是马丁·路德·金的独行争取来的吗？他的起步固然是座里程碑，而这条荆棘路，却是4万黑人381天的并力同行所开辟的。相比之下，在白宫前只身一人抗议了35年的皮克切特虽值得敬佩，然而，因缺少助力，她的理想，也只是化为旁观者的一缕叹息。

求索攀登，不仅在于追求险远之奇观，同样关乎精神思想的成就。此时，一人独步则易陷于孤陋与浅薄；而结伴同行，相师以道，相错以德，才可臻于学术的高峰。蔡元培初行改革时，第一要务便是延聘一批"积学与热心的教员"。在教育救国之路上，同道者们荟萃群思，切磋共进。风雨如磐的夜幕下，他们绽放了群星闪耀的思想之光。结伴同行，大师们走出了一个后世再难企及的北大。

然而，同行以致远还有一个前提，即同道者们须抱定一个向前向上的目标而来。以"抱团取暖"为生，胸无大志，滥竽充数，这样的"假同道者"，掺入一个队伍只会拖同伴的后腿，组成一个队伍便会一起"顺着一个自然的方向往下溜"，一同堕落。人们常有种错觉，把拥挤中的麻木当成归属感，一旦脱离群体便无所适从、惶惶不可终日。显然，这不过是迎合大众、聊以图存罢了，怎能够求其长远？

同行而力足，多友则智胜。愿世之真同道者悉可觅得知音，结伴同行。

【点评】本文在材料使用上颇有特色——典型有力，中外相济。美国反抗种族歧视运动与北大兼容并包铸辉煌，星火燎原，众志成城。一中一外，一人一学校。材料精当，信度剧增。倒数第二段心思缜密，反向分析，深入全面，亦是亮点。此文非读书深思者不能为也。

〖学生习作10〗

欲行千里须结伴

人大附中　李科航

人生好比一条路，在同样有限的时间内，谁能走得更远，谁就能功成名就，青史留名。而能在这条路上走得更远的，往往是那些结伴而行的人。

所谓结伴而行，其实包括两个方面：一是物质上的结伴，一是精神上的结伴。

人想要走得远，物质资料绝对是必不可少的。从基本的吃穿住，到抽象的人的智慧，独自一人而想把这所有的物质聚齐，是不太可能做到的。也许某人有一技之长，今日处顺境，处理问题得心应手，潇洒自如。而明日至逆境，却不知所措，无可奈何。而结伴的人则不同。大家各有所长，互补互助，团结一致，许多困难也就得以迎刃而解，毕竟"众人拾柴火焰高"。正如登山时的伙伴，你若喝空了水瓶，我会给你；我若不慎滑跌，他会拉我一把。几人就这样在前进的路上互相给予物质上的支援，自然会比那些独行者走得更远。

至于精神上的结伴，则更加重要。一个独行者，即使他无需耗费精力顾及他人，而可以因此走得更快。但随着时间的推移，他身上的锐气会逐渐被旅途的劳累磨损减弱。他会开始缺乏动力，也可能会忘记初心停滞不前，而前功尽弃。结伴而行的人则不同。他们的步伐虽慢，但每一步都走得坚实。一路上他们互相鼓励，一起畅聊志向，憧憬未来。他们的进取心就像风车，困难之风越是凛冽，风车转得也就越快，产生的能量也就越多。一个独行者，即使他在路上遇到的天气再好，见到的风景再美，当他于夜晚躺在温暖舒适的床上时，他也许会怀疑继续走下去的意义何在。而结伴而行的人，纵使他们被暴雨淋湿身子而躲在寒冷山洞里抱团取暖，他们也会相互鼓励，满怀着前进动力和希望睡去。精神，往往比物质更重要。没有精神支持的独行者，好似一艘汽油用光的快艇。纵使发动机性能如何优良，也不会比几个"心往一处想，劲往一处使"的结伴者划的小木舟前进得快而远。

历史上，结伴而行最终成功的例子不可胜数。1951 年，23 岁的年轻生物学家沃森从美国来到剑桥大学做博士后，决心研究 DNA 分子结构。在当年，这是个极其热门的研究方向。谁先取得成果，谁就一定能在科学乃至人类历史上留下光辉灿烂的一笔。然而，沃森没有选择独自朝着这个辉煌迈进，他找到了与自己同一办公室的生物学家克里克，邀请他同自己一起进行研究。于是，两年之后，1953 年，两人宣布了一个令全世界震动的成果：他们发现了 DNA 的双螺旋结构。这一成果对于人类的发展具有划时代和里程碑式的意义。他们二人也因此名留史册。假使沃森当初没有找到克里克结伴而行，而选择独自研究，最后的成果就很有可能被那些富有经验的老科学家们取得。正如钱学森一人造不出东风导弹，而他的科研团队可以；乔布斯不能独自创立苹果公司，而他的创业团队可以；毛泽东一人救不了中国，而他领导的中国共产党可以。这个世界总是偏爱结伴而行的人，因为上天知道，真正能走得更远，对这个世界的发展起到更多积极作用的人，正是那些结伴而行的人。

到了今天，结伴而行依然具有它的价值。在如今大众创业万众创新的时代，与其独行，不如结伴。你有点子，我有资金，他有技术……大家一起团结协作，共同发展。结伴而行，是一人一桨、桨多船快、共同收获，而绝不是人多船挤、人多船慢、你有我无。结伴而行，是人生的智慧，是行致千里的最短路径。

愿我们都能在人生的路上找到合适的人，结伴而行，以致千里。

【点评】习作分析说理较为具体，将结伴同行的益处分为物质帮助和精神鼓励两个方面。说理不充分，多是认识不具体，浮于表层。一具体就深入，一深入就丰富。此为一例。亲爱的读者，你可有此发现：具体而有效的写作方法会时时出现在"点评"里。这一点需高度重视，争做善学者。

[展示] 立意角度之三：独行与同行兼顾

〖学生习作 11〗

群行与独行

人大附中　明雨

有人说，一个人走得快，但走不远；也有人说，有些路再艰难也要独自走下去。群行和独行，是我们时常要面对的选择，是我们在人生的不同阶段、面对不同的事情采取的两种不同方式。这两者带给我们不同的体验与不同的历练，也唯有在群行与独行间做出正确的选择，方能在人生之路上走得更远。

有时，我们应与群体同行，合作产生集体的力量，对一个人或团体的发展有着不可估量的作用。

随着电影《中国合伙人》的热播，人们了解到了新东方的创始人们如何白手起家闯出一片天地。俞敏洪与几个志同道合的同学一起创业，最初不成型的英语班，在他们的共同努力下成长为如今的新东方学校。在这过程中，俞敏洪与他的合伙人之间少不了矛盾与摩擦，创业的步伐也常因此受阻停滞，群行看似使得前进的步伐变缓。然而，也正是在矛盾的一次次化解中，在众人才智的优劣互补中，新东方不断发展成长。试想：若是俞敏洪选择一人独干，他或许可以很快地实现自己的一些小想法，做一个收入不菲的家教，但一人之力又如何创出如今新东方一样的成功？由此可见，群行能致远，众人的力量与互相支持，让群体以及群体中的每一个个体都能有更长远的发展。

然而，有些时候，我们遇到人生中的艰难，他人却无法向我们伸出援手；我们面临方向的选择，他人却不能为我们指明道路。此时，我们则需要有独自上路的勇气。

"夫夷以近，则游者众；险以远，则至者少。而世之奇伟、瑰怪、非常之观，常在于险远，而人之所罕至焉，故非有志者不能至也。"培育杂交水稻，对于袁隆平来说无疑是一条艰难的独行之路。袁隆平从20世纪60年代起致力于杂交水稻的研究，六七月份，他头顶烈日，拿着放大镜，一垄垄、一株株地寻找理想中的苗株。抓革命期间，他的实验器材及水稻秧苗一次又一次被毁。然而，他一次又一次忍着悲愤，独自走进烂泥里，深一脚浅一脚地挽救幸存的秧苗。在艰辛的独行之路上，袁隆平凭借智慧和执着，终于到达了有非常之观的险远之处，1974年的"南优2号"使水稻亩产翻了数倍。不过面对纷至沓来的荣誉，这位老者依旧昼夜躬耕于稻田，独自坚守、践行着他"消除饥饿"的初心。独行，就如袁隆平对水稻培育的执着探索，是对内心信念的坚守，是独面艰难的勇气，是不懈的探求与追寻。

群行能致远，独行以求真。群行时，我们能够集思广益、相互支持，在成就之路上，群行能助力我们走得更远；独行时，我们则能坚定信念、独面困难，在实现梦想、追寻人生价值的历程中，也唯有独行能使我们攀上真理的高峰。

拥有群行与独行的智慧，你便把握住了人生的方向。

【点评】既要独行，又要同行。这是本文的论点。只有一篇例文，值得思索。此角度立意者寥寥，何也？因为两者兼论，不容易论证充分深入。考场作文时间有限，篇幅受限制，是必然。审题立意时要重视这一点，这是弟子们通过实践得出的写作经验。

【小结】这一组11篇学生优秀习作，皆以"起承转合"的思路结构文章。各有所长，也存在不足，但瑕不掩瑜。点评没有面面俱到，只选取一二处圈点，目的是便于大家参考借鉴。读此书，一文一得或一文两得，有此收获，足矣！

[展示]（海淀模考）作文题目3：阅读下面的材料，按照要求作文。

1933年，29岁的郑大章获得法国国家理化博士学位后，拒绝了导师居里夫人的挽留，回国筹建镭学研究所，筚路蓝缕，成为"中国放射化学的奠基人"。

1950年，26岁的旅美物理学博士朱光亚归心似箭，他在《给旅美同学的一封公开信》中写道："让我们回去，把我们的血汗洒在祖国的土地上，灌溉出灿烂的花朵。"

1989 年，26 岁的著名体操运动员、奥运冠军李宁退役后，创立了自主研发专业体育用品的"李宁"公司，致力于打造领先全球的民族品牌。

2020 年，北京航天飞行控制中心指控大厅里，随处可见洋溢着自信的青春面孔。数百个关键测控岗位上的负责人，大多为"80 后""90 后"，平均年龄仅 33 岁。

正如钟南山院士所说，青年人"不但要有志气，还要争气"。对此，你有怎样的认识和思考？请以"志气与争气"为题，写一篇议论文。

【解题】关于"志气与争气"，可以根据自己的认识、理解，自主立意。有如下角度：

一、可作并列关系解，立意为：既要有志气，又要争气。

二、可作递进关系解，立意为：不但要有志气，还要争气。

三、可作条件关系解，立意为：有志气，才能争气。

四、可侧重"争气"，立意为：志之成败，在于能否争气。

……

[展示] 立意角度之一：作并列关系解

〖学生习作 1〗

志气与争气

人大附中 张家鸣

共和国勋章获得者钟南山院士曾说："青年人不但要有志气，还要争气。"我认为，"士不可以不弘毅，任重而道远"，我辈青年，既当有志气，又应努力争气，为祖国的发展做出自己的贡献。

所谓"志气"，就是一种不服输的心志，就是一种无论败得多惨也能从头再来的勇气，就是憋着一股劲、不达目的不罢休的气概。当初，以美国为首的国际空间站建设就是不带上中国，甚至当中国二次提交申请后，美国口头答应，却在正式大会上将我们拒之门外。中华民族永不服输，不懈研究，同心协力，最终建成了我国自己的空间站。此非孤证。中华民族在历史上经历过很多磨难，但从来没有被压垮过，而是愈挫愈勇，在磨难中奋起、在磨难中成长。这就是志气的力量。志者，从"士"从"心"，有士之心者为志，它能给你以无畏者的勇力，坚定自己的方向，勇敢向前。

而"争气"，是志气的体现。如果说志气是心之所向，那么，争气就是行之所往。想当年，苏联撤走专家，撕毁合同，并冷冰冰地留下了一句话："中国不可能造出原子弹。"几年后，罗布泊一声巨响，粉碎了他们核垄断的迷梦。想当年，美国铁路专家断言："有昆仑山，火车不可能开到拉萨。"不久，天路横空出世，做出了最有力的回答。看吧！袁隆平摘掉了扣给他的"对遗传学无知"的帽子，"杂交水稻之父"闻名中外；看吧！苏炳添突破了给黄种人设定的生理极限，在奥运赛场上冲出亚洲，走向世界！这就是争气的体现。争者，从行，从动，它能让你实现理想，体现人生价值。

而今，我们欣喜地看到，有越来越多的年轻人正奋斗在科研事业第一线，沿着老一辈科学家的道路，为祖国挥洒自己的青春；有越来越多的青年质疑曾经被奉为神明的权威，取得了一个又一个惊人的突破。我们也痛心地看到，有些人顽固保守，不知变通，阻碍了科技和文化的进步；有些人向往国外的所谓"民主""自由"，到国外一去不复返。这种人，立志不正，争气也就无从谈起。是祖国将你哺育成才，你却服务于敌视祖国的外族，甚至声称"外国的空气是甜的""外国的月亮是圆的"，令人感愤。青年应当谨记：去外国深造的目的是回来更好地建设祖国。若不满祖国的环境，便去外国学习环境治理回来建设我们的家园；若不满祖国的科研，便去外国学习先进方法回来发展我们的前沿技术。这才是真正的立志争气！

志气与争气，是时代对青年的诉求，也是青年自己应当奉行终生的准则。

[展示] 立意角度之二：作递进关系解

〖学生习作2〗

志气与争气

人大附中　柳圣缘

"外出学习可以，学成必须回国"，是科学家束星北在动荡年代下家国深情的凝聚，应成为青年人有"志气"，敢"争气"的宣言。立宏志是古往今来人们的共识，可唯有将"志气"培育出的心气，辅以勇于"争气"的行动力，才能使个人精神得以完善，国家发展焕发生机。

青年人，不但要有志气，更要争气。

立鸿鹄之志，以修齐治平为己任的准则根植于国人心底。志气定的是方向，展的是胸怀。前者增强信念力量，后者提升人格精神。有以"小我"之身行"大我"之事的心气，方为志气之本。可在面对外来压迫与阻力之时，空有志气无以破困境，唯有争气方可造坦途。"争气"二字对外在于"争"字，这是一股敢闯敢拼的冲动，一种"争"为人先的自我证明；于己在于"气"字，它自是一种不甘示弱的决心，一股由内发愤、对外图强的心力。面对竞争不畏惧，身处对抗愈坚定。以"争气"之勇力行"志气"欲成之事，避"小我"的拘囿，付诸坚实的行动，成就自我价值，抵达人生至境。这对青年人的人格养成与精神塑造大有裨益。

国家的未来掌握在青年人手中，将自我价值的实现与国家发展的需求相连，即为新时代的"志气"。而在面对错综的国际形势与外部压力时，青年人——国家中最应具有活力与心气的年轻人——唯有勇于争"国家实力"这口气，才能使国家在世界拥有话语权。大国地位的彰显，更能激发人们心中的民族自豪感，增强认同感与凝聚力，并鼓舞更多抱有"舍小我、为大家"心气的志士们，使国家在蓬勃发展之路上行稳致远。而唯有去争，才有收获的可能。作为未来缔造者的青年人在培养"志气"之余，更应着力于"争气"。

"君子无所争，必也射乎。"诚然，在我们提倡以切实的行动力去开拓拼搏的同时，也应培养青年一代理性公正的世界观。不媚于他国，也不囿于一国，以"人类命运共同体"的理念，为伟大复兴的中国梦添砖加瓦。

忆往昔峥嵘岁月，有志青年，家国天下，发愤图强。正如两弹元勋姚桐斌所说："外国人总是瞧不起我们中国人，这是历史的偏见，我们一定要发愤图强，将来用事实给他们看。"正是这种不甘于人后的心气，促使郑大章拒绝居里夫人的挽留毅然回国，筚路蓝缕，建立起中国自己的放射化学研究所；也正是永争人先的决心，让钱学森不惧一切困难回到祖国，"科学没有国界，但科学家有"足以证明其发展祖国的坚定意志。看今朝发展浪潮，自强新人，肩负责任，吾辈争先。为证明中国本土品牌的竞争力，著名体操运动员李宁退役后，一手创办国产运动品牌"李宁"，在丰富多元的领域为国争气。航天发射控制中心里的负责人员年轻化，正是越来越多青年人与国家同频共振的最佳证明，以小我之力，争大国航天之气……唯有激发越来越多青年人以国家富强为志向，培养坚实的心气与决心为国争气，中国精神方能迸发出蓬勃力量。

当下，青年人处于信息极大丰富的时代，青年精神的养成似易实难。志气的确立与养成靠的不能是苍白的说教与无力的宣传方式；争气的行动力更不能被浮于表面的高喊口号代替。狭义的爱国主义不足取，肆意的"博爱"式的类似"科学无国界"的偏激宣传更是居心巨测。那些真正以实际行动诠释立志为国、行动争气的奉献者理应被更多人熟知，良好的传媒素养与青年人的独立价值观尤为重要。

展未来蓬勃生机，青年人，应立鸿鹄之志，更要行争气之事。

[展示]立意角度之三：作条件关系解

〖学生习作3〗

志气与争气

人大附中　毕嘉仪

"胸有大志，心怀天下"，是古来中国的知识分子共同的座右铭。"有志气"是一个人有所成就的必要条件，更是为家为国争气的必备品质。我以为：有志气，才能为家国争气。

志气者，心怀之鸿志也。抟扶摇而上、胸有凌云者，可谓有志气。对国家有用、对民族有益、对祖国人民之事业发展有贡献，可谓争气。胸无凌云志，何展恢宏图？志气给人以信仰，让人对己有信心、对国有担当，从而能够启程迈向远方。志气给人以方向，让人避开歧路岔口，走上正确的道路，使人于国于家有望。志气给人以动力，驱动人勇往直前、自强不息，穷其毕生血汗与精力为家国服务而不言弃，死而后已。由此可见，只有有志气的人，才能在建设民族事业的道路上越走越远，为家国争气，直到生命之穷途、人生之日暮，而终不悔焉。

有多少人因为没有志气而淹没于芸芸众生，度过碌碌无为的一生；有多少人因为心中没有无尽的远方而走了弯路，堕入深谷。此皆出于志气的缺乏。志气是昂扬的、向上的，是引人走向繁花盛开处的，使民族发展壮大、国家繁荣富强。志气使人争气，若没有志气，何谈人生，何谈家国？而终将灯枯油尽、命衰力竭，没能为家国争上自己的那口气；至其死后枯骨无人挂念，姓名随风而逝不留痕迹，何其悲也。由是而观，争气之数、志气之理，可知矣。

大浪淘沙，沧海横流。范仲淹自幼丧父仍发愤读书，划粥断斋，以水沃面，终成为"先天下之忧而忧，后天下之乐而乐"的千古名臣，为家国争气；左宗棠抬棺入疆以明收复国土之志，镇压叛军，威震列强，保住中华六分之一的国土，为家国争气。古之志者以修齐治平、保家卫国为志，共同造就今之中华。今之志者在此基础上，发愤图强，继续为家国建设出力。钱伟长面对日寇入侵，毅然弃文从理，立志为中国国防事业出力，成为新中国"两弹一星"元勋；奥运冠军李宁退役后创立公司，自主研发专业体育用品，以领先世界为志，让世界认识中国品牌。

忆往昔，伟人层出；看今朝，吾辈争先。当国家重器的研发团队中出现越来越多的年轻面孔，当祖国发展事业注入越来越多的新鲜血液，当轮到我们这一代青年人为家国贡献力量，我们要有志气、能争气，建设祖国，昂首奔向未来。"丈夫未可轻年少""少年有志，志必四方"，如此，才能为人民效力、为祖国争气。

所以说，有志气，才能为家国争气。

［展示］立意角度之四：侧重"争气"

〖学生习作4〗

志气与争气

人大附中　武弋

青年人应该有志气，但是比志气更重要的是要争气。夫英雄者，胸怀大志，而志之成败，在于争气与否。

志气，是青年人在一生中最力足气盛之时努力拼搏与发光发热的驱动力。

志气在于心，所以用之不竭。但是，志气的外在体现，也就是争气，才是人发挥主观能动性的直接途径，也是影响事业成败、得志与否的直接因素。简而言之，志气是想，争气是做，想法不能表现在行为上，到头来只是空想而已。所以，志气是成事的影响因素，而争气才是决定因素。

显然，世之有志气者众，而争气者寡。很多青年的理想都是成为某一领域的大家，从而贡献更多力量，报效祖国。这固然是值得鼓励的。但可惜的是，成为大家的终是凤毛麟角，而现实总是如此，亘古未变。文艺复兴时期，英国有一位作家叫莫尔，他和许多人一样，有着建造一个美好的大同世界的志向。于是他著了《乌托邦》一书，"空想社会主义"自此诞生。然而，现实的黑暗打碎了他的理想，直到几百年后，争气的伟人马克思挖掘出他的思想并完善成"科学社会主义"的理论，并以此领导工人运动，创立第一国际，才在黑暗中燃起了红色的希望之火。马克思说："只有不畏艰险，沿着陡峭山路攀登的人，才有可能达到光辉的顶点。"莫尔在山脚下想象山顶的风光，而马克思则亲身攀上险峰。他们都是胸怀大志者，是否争气，让他们在功业成果与对后世的影响上迥然相异，二人也高下分明。

自古以来，中国的父母对于子女的期望莫过于"争气"。可见，在多数中国人的观念里，"争气"是人生的重中之重。"争气"者，重在"争"字。美好的生活是靠奋勇拼搏"争"出来的，新中国的今天，是无数革命者与劳动者用双手和血汗"争"出来的。不过，今天流行一种这样的说法："争气无用，不如躺平。"这值得警惕。我们正处在充满机遇的上升期，人的价值就在拼搏进取中。所以，我们不能丧失志气，更不能放弃争气。在新时代中，争气是个人价值实现的途径，是社会进步的源泉。

钟南山院士讲青年人"不但要有志气，还要争气"，争气能成事，有志气又争气更能成大事。用志气确定人生向前的方向，用努力拼搏为自己争气，为国家争光。我们要做新时代的新青年。

【小结】关于"志气与争气"，可依据自己的认识和思考立意，自圆其说。

四、见多识广——优秀作文，他山攻玉

［展示］（海淀模考）作文题目 4：阅读下面的材料，根据要求作文。

俗话说："人往高处走，水往低处流。"高处有高处的风景，低处有低处的景观。人生有高处与低处，社会亦有高处与低处……人，时时都要面对高处与低处。

请围绕"高处与低处"，写一篇不少于 800 字的议论文。题目自拟，立意自定，角度自选。

【解题】关于"高处与低处"，立意角度可以根据自己的认识、理解，自主确定。角度不拘，各立其意。居高向低；居低向高；居高谦卑，处低平和；人当向高处；人当善处低；低处是理想的高地……亦可就自己熟悉的领域立意，写成专题文，如文学、艺术、科技、教育、企业……

［展示］立意角度之一：居高向低

〖学生习作 1〗

身在高处　心怀泥土

人大附中　刘子加

《红楼梦》中晴雯的一句判词"心比天高，身为下贱"惹人哀怜。逸思飞扬，心怀高远，却又怎奈身份低微，只教"多情公子空牵念"。然而，也有另一种人，他们的成就已经把他们推送到各个领域的云端高处，可他们的心却埋在泥土。那是真正的大师之风范——尽管身在高处，心却时时低到泥土。

齐白石诗书画印样样精绝，拿"人民艺术家"的称号当之无愧，的确可以说是身在国画艺术界的峰巅了。可齐白石老人却甘心"我愿九泉为走狗，三家门下转轮来"，把心放得很低很低，低到同行们甚至后辈们之下，低到大自然的一花一木、一虫一鸟之间。

季羡林作为我国懂得语言最多的学者，数十年笔耕不辍，翻译出等身的古印度经典，确乎可以立身于文化界里人所罕及的顶峰了。可他却轻轻揭去人们赠予的"国宝级大师"的桂冠，把心放得很低很低，低到他会为一个普通的年轻来访者在料峭的寒风中等候，瑟瑟发抖。然后，又目送他的身影渐行渐远，直至消隐在拐角处。

大师如何看待自己的高位，由此可见一斑。处在低谷的人仰慕山峰是人之常情，但置身于顶峰却又时时留恋山脚的泥土、热爱低处平凡的风景则难能可贵。那悬在高空的名誉与荣耀的光环太容易就让人头脑发热，膨胀自负。可有些人，丝毫不因为他们所取得的成就、达到的高度而盛气凌人，没有染上丝毫浮于高空光环中的自傲之铅华。相反，他们心向凡尘芸芸众生，正如张爱玲所说，"变得很低很低，低到尘埃里……从尘埃里开出花来"。那开在低尘中的花儿，更有了一缕别样的清香。那是中华民族所独有的谦谦君子之风，那是一种极其高贵的低姿态，那是老辈学人、那些真正的长者和大师拥有的风范……

反观现实中那些汲汲于名利的人，稍稍有所成就就洋洋自得、自命不凡；那些像炒栗子般绽爆的所谓的"国学大师""鉴宝大师""养生专家"，被人群抬举到高处后便昏昏然晕了头脑。看一个人的品格，并不是看他所能达到的高度和位置，而是看他达到高处后的言行举止，他能否依旧清醒自持，又能否怀着一颗平常心对待那些位置低于他的人。

我看到了摘得诺贝尔文学奖后的莫言，依然安然如故、衣着朴素地骑着一辆破旧自行车出现在街头，默默地酝酿着新的作品；我看到年逾九旬的林庚教授，一笔一画地为青年学子题词，用布满纹茧而又温暖的双手握住学生们稚嫩的手……

他们身在高处，因其非凡成就而闪着光芒；但他们却躬下身，细细地察看人间的最低处，轻轻地掬起一捧泥土，放在心里。那低到了泥土与尘埃中的花儿，霎时间在我心中变得无比高贵……

［展示］立意角度之二：居低向高

〖学生习作2〗

脚踏泥土心向月

人大附中　赵云蔚

人不一定能使自己伟大，但若你心怀崇高，就不是渺小。社会的空间结构决定了一定有人在高处，有人在低处。但在低处的人只要脚踏实地，并心中怀有崇高的理想，那么，他们其实是在精神的高地上。

要月亮，不要六便士。在生活的平原上，能冲出现实的卑琐，不为金钱所惑，不为名利所诱，保持精神和良心，沿着绳索攀援，始终心向月、志不悔，便是高。谁说在高处的人就一定是"高人"？贪官污吏在其位而不思其应思之政，他们不也是掉进物欲的深渊，成为精神的"矮人"吗？倘若社会中每一个人都能在自己的高度上向高处看而不是向低处看，大家都怀着"只要肯登攀"的决心，社会这个花园将开满向日葵。

武汉东方红食品厂的厂长易勤就是这样一位女性。食品厂规模小，生意亦不红火，工作间阴暗不宽敞。这个普普通通的女性，却不为名利诱惑，为了对得起自己的良心，不惜代价留下十二名智力残疾的员工。为了鼓励他们自立自强，她每日起早贪黑带着他们劳动，耐心教学，带他们大喊"我能行"。生意虽长年亏损，她和丈夫、女儿虽处低位，但是，他们生命的每一分钟都在践行崇高。她像对待儿女一般对待员工，这种精神的向月，比满手攥银圆的"高"要高万倍。

同样的，那年老的爷爷坚持义务扫桥直至意外去世，一生俭素无欲无求；那酷暑中的听轨工人伏身贴近泥土，为所有旅客保驾护航；那环卫阿姨冒着烈日"全副武装"着在沙滩上清除垃圾，唯有傍晚月出时才换上连衣裙，踏一踏浪，听一听潮汐，望一望明月；那辽宁列车员坚持送站，他的东北口音和笑脸，成了他心灵高度的标志……

有一位大山里的孩子唱："想飞上天和太阳肩并肩，我相信伸手就能碰到天……"地位的高，是表面的繁华；心灵的高，是真正的风景。人在打拼的道路上，社会位置或许是暂时的，心中那轮月亮却有着永恒的清辉。

如果有幸望到那月亮，且心向往之，即使脚踏泥土，也是在高处。

[展示] 立意角度之三：高处谦卑，低处平和

〖学生习作3〗

谦卑处高　平和就低
人大附中　程宬

登高——心旷神怡，居荣忘危，其喜洋洋。

处谷——满目萧然，忧谗畏讥，感极而悲。

物喜己悲非明智人生，应居高而有谦卑之心，就低仍有平和之态。

人居高处——达到人生巅峰、社会上层，或是在自己的领域内出类拔萃，往往财路不断，溢美之词、逢迎之人源源不绝。这时最易失去、又绝不能失去的，便是谦卑之心。否则，人生的高峰便成为向下的拐点。以伟大的文学家高尔基为例，蜚声海内外的他拿着诗作找初出茅庐的马雅可夫斯基点评，却被这个"初生牛犊"骂得一无是处。他没有端出大文豪的架子"教育"马雅可夫斯基，而是默默地哭了——他很羞愧，他根本不懂诗。国内外的赞誉没有让他膨胀，文豪的身份也没有使他自满，他的哭源自他对文学不变的虔诚和在文学面前的谦卑。这谦卑使得高尔基没有留下一篇诗作供后人叹息，却留下一部部小说和剧本，传达着他不朽的信念。高尔基谦卑的泪水，不正像齐白石老人灯下描红的身影吗？

而人处低谷——或遭遇挫折，或囿于平凡的命运，难免牢骚："不吾知也！""我辈岂是蓬蒿人！"这时，需有平和的心态，才能身处低谷，沉潜蓄力。那时李安以优异的成绩从纽约大学电影学院硕士毕业后，工作无着落，六七年家庭煮夫的生活让他很烦躁，几乎放弃梦想。几番周折后又坚定了信念，放平了心态，才有了《推手》《饮食男女》等一系列优秀的作品。一套太极拳、一桌家宴、一场婚礼，甚至一道中国人不能接受的半生不熟的菜，我们感动于李安镜头下细密的、生活的纹理，从中感受差异、冲突、孤独与冷暖。一个急于事功的人没有办法静下心观察生活，体味琐碎片段的价值，而他却把

它们取出来细细雕刻，放进他的故事里，就像一个老玉匠，静心地雕琢。生活给予他沉潜的力量，而平和的心境使他能够扶摇直上。

穆旦在晚年写道："我冷眼向过去稍稍回顾，／只见它曲折灌溉的悲喜／都消失在一片亘古的荒漠，／这才知道我全部的努力／不过完成了普通的生活。"高与低，悲与喜，都是一个人必然的经历。而再辉煌或再落魄的生活过后，人总归要回到现实，完成生命的轮回。为人上人，人也不过是一个人；事事不如人，前路也不是定局，还有希望。所以，不必为物为己而大喜大悲，不忘谦卑，不忘平和，小则事业能进步，大则可以使人生更加积极，享受生活，拥有更高的境界。

登高——心怀谦卑，再上层楼。

处谷——心境平和，蓄力人生。

[展示] 立意角度之四：专题立意——文学

〖学生习作4〗

身落，心升
人大附中　王皖嘉

"有谁从小康人家而坠入困顿的么"？鲁迅先生是一个。然而，正是因为人生落到了低谷，才给了他看透人世的眼光，给了他无人可及的精神高度。从某种意义上来说，身之落正是心之升之时，文学之道便是如此。

何谓身落？有人身居高位，生活安定富足，正是春风得意之时，一夕之间，一切分崩离析，只剩自己一无所有地流离四方，郁郁而不得志。何谓心升？当他们历经磨难、遍尝苦楚时，却终于成就大文章、大境界，到达精神的高点，最终成为一代大师。人生境遇由高到低这一落差，孕育了不朽的文学。

一千多年前，歌舞升平的江南一夜之间点燃了战火，庾信只身辗转逃出故国，客居长安。然而"蓥是流离，至于暮齿"的经历与名为"幕府大将军之爱客"实则被软禁长安的境遇，对这位少年成名便平步青云的文人来说，无疑是一个巨大的落差。这落差是身世的坎坷，是境遇的巨变，也是对一个文人心灵与气魄的磨砺。洗去少年时秾艳的辞藻，一句"咸阳布衣，非独思归王子"，一篇《哀江南赋》震动天下，以"赋史"之名流传不朽。杜甫曾道："庾信平生最萧瑟，暮年诗赋动江关。"正是这"萧瑟"磨砺出了这文学的境界，让他具有了心灵的高度，赋予文字以永恒的生命力。

七百多年前，一位诗人握着羊皮纸和羽毛笔走出了城市，佛罗伦萨的大门缓缓关闭。但丁的一生，由安居故乡而至被放逐到四处流离，充满了苦难，由人生的高处一下落到了谷底。然而，也正是这苦难带着他的心灵畅游地狱与天堂，留下了不朽的长诗《神曲》，照亮了人类文明的重生之路。时至今日，但丁广场旁的那盏油灯依然长明不灭，似乎见证着、述说着这一次伟大的降落与升华。

俗话说"人往高处走"，这固然是人类普遍的美好愿望，然而文学，作为人类精神与灵魂的结晶，却是寄居在从高处落下的人生落差里的。或许正如孟子所说："天将降大任于是人也，必先苦其心志，劳其筋骨"，若要担起指引人类灵魂方向的大任，要完成文学境界的升华，要站到历史的、精神的高处，物质上由高处落下的苦难便是必不可少的。

身之落成就心之升。我不知史铁生写下"我的腿废了"时体会着怎样的痛苦，我不知曹植记下"利剑不在掌，结友何须多"时承受着怎样的煎熬，我不知杜甫吟出"万里悲秋常作客"时经历着怎样的孤独，但我知道，正是一朝而落的苦难，造就了他们越升越高的境界，成就了文学的大师。

身落，心升。或许，这就是文人走向不朽的道路。

【小结】只提供四篇习作，是从四个不同角度立意，皆是优秀例文。足见关系型题目写作空间阔大。可自主确定立意角度，还可写专题作文，更利于自主发挥。遇此命题类型，心当宽敞，应更自信。

【大结】关系型题目，其写作要义在理解逻辑关系，再根据自己的知识、能力储备立意定题。然后，按"起承转合"结构成章。因逻辑关系多多，为便于掌握，故多提供了几篇例文，以资参考。

板书提要

第四讲 关系型题目写法讲析

一、命题特点及形式

×××与/和×××

二、审题立意

（一）逻辑关系

1. 一个问题，两种表现、情况

2. 条件关系

3. 对立关系

4. 两个角度认识、分析事物

5. 并列关系

6. 选择关系

（二）自主立意

写作力量分配

1. 在 A 和 B 的背景上，主论 A 或 B

2. A 与 B 并论，依从关系和论点

3. "具体题目具体分析，见题写作"

第五讲

比喻型题目写法讲析

【导语】山回路转，柳岸花开。这一讲，我们学习比喻型作文题目的写法。

一、命题特点及形式

【思问】比喻型题目有什么特点？

【讲授】顾名思义。比喻型题目，即含有比喻修辞的题目。命题多为给材料作文，材料分为两类：一类是文字材料，一类是图表材料。

　【板书】特点：比喻，即打比方

　表现形式：文字材料类；图表材料类

【讲授】文字材料类题目，所给的文字材料，或是一个寓言故事，或引述一种植物、动物等。借事物喻人生、社会，谈认识理解、思考感悟，生发议论，写一篇议论文；图表材料类题目，多以漫画为主，表格罕见，故不叙，下面主讲漫画类题目的审题立意。

二、审题立意

【思问】如何确立观点呢？

【讲授】我们先说文字材料类题目。既是比喻，立意就需由喻体思及本体，论及人与社会。不止于就物论物、就事论事。然后，提出自己的论点。试作举例解说。

[展示] 作文题目1：阅读下面材料，按要求作文。

花对果说："我比你漂亮。"果回答："你说得不错，我的确没有你漂亮，可我知道，任何一个果都曾经是花，而并非所有的花都能成为果。"

请就以上材料，展开联想，自定角度，自拟题目，写一篇议论文，不少于800字。

【解题】这则材料是花与果的对话。"花"的话是引题，"果"的答话是重点，确立观点当据此。

📝【板书】**（一）文字材料类题目的审题立意**

1. 由喻体及本体

【解题】花，指的是外表漂亮、短暂、虚华，花未必都成果；果，指的是内在朴素、长久、充实，果都曾经是花。

📝【板书】**2. 由物及人　由寓言世界及现实世界**

【解题】有的人像花，外表漂亮、虚华。有的人像果，朴素、充实。果都曾是花，花未必都能结果。可见，"果"的一生才是充实的、圆满的，值得肯定。

📝【板书】**3. 由物及理　自主立意**

【讲授】由物及理。我们应追求"果"一样的充实的人生，不羡慕外表虚华的"花"一样的人生；让青春之花开出累累硕果；追求春华秋实的人生，等等。立意自定，表述各异，不拘一式。

【过渡】据此接续，我们来讲授图表类材料中漫画类题目的审题方法。

📝【板书】**（二）漫画类题目的审题立意**

[展示] 作文题目 2：阅读下面的漫画，任选角度写一篇议论文。

要求：请你先读懂它的意思，然后自定立意。自拟标题，不少于 800 字。

【解题】漫画作文是偶见的一种命题形式。漫画是用简单而夸张的手法来描绘社会生活或时事的图画。一般运用变形、比拟、象征的方法，构成幽默、诙谐的画面，以取得讽刺或歌颂的效果。

📝【板书】1.看懂漫画　把握主题

2.依据主题　联系现实

3.探知意图　确立观点

【解题】请看板书——漫画作文的审题立意思路。给文字材料与给漫画材料的实质是一样的，只是形式不同，但都需要读懂意思，抓住内容和主题。

漫画一般是运用变形、比拟、象征的方法，构成幽默、诙谐的画面，多用来喻指现实生活中的人和事，所以，把漫画作文列入"比喻型题目"之列，在此讲漫画作文的写法。明白漫画的创作意图很重要，或歌颂，或讽刺，这是主题的所在。知此，便可依据是非、美丑、善恶标准，确立自己的观点。例析见下：

"披着羊皮的狼"：表面温顺善良，实则贪婪凶恶。披着温顺善良的外衣，掩盖贪婪凶恶的本相。

"披着狼皮的羊"：表面冷面示人，实则怀有善心。

大人：看本质，成熟。

小孩：看表象，幼稚。

立论：当拥有辨别是非真假、善恶美丑的能力。

在理想世界中，有丑小鸭的美丽，大灰狼的丑恶；灰姑娘的善良，美女蛇的阴毒……

在现实世界中，有真真假假的客套，虚虚实实的谦让；花言巧语的欺骗，包藏祸心的引诱；取悦于人的迁就逢迎，良师益友的逆耳忠言……

大千世界，朗朗乾坤，"白骨精"的假恶丑，"孙悟空"的真善美，生活中的"唐僧"们未必真有二郎神的第三只眼，将这是是非非、真真假假、虚虚实实都看得真真切切、清清楚楚、明明白白。尤其是青年学生，他们的人生观、世界观、价值观尚未形成，其辨析能力还有待提高，因而对生活中的"披着羊皮的狼"和"披着狼皮的羊"还不能准确分辨。眼前的花花世界里，种类繁多的电子游戏、泛滥的垃圾文化、冒进的思潮、时髦的节日等，对我们都是一种迷惑。长有一双慧眼，多向长者请教，褫其华衮，识其本相，择其善者而取之，才是有识青年的明智之举。

三、行文表达

【过渡】比喻型题目类型及特点大致如此。立意行文，则如前文所讲。下面以另一作文题为例，加深对立意和行文的认识把握。

[展示] **作文题目3：阅读下面的材料，根据要求写作。**

先前，遥远的维拉尼在一个贤明国王的统治之下国泰民安，百姓富足。

然而有一夜，在全城都已入睡之后，一个邪恶女巫来到城中，在城中唯一的一口井中滴入七滴药液，并宣称："此后再饮井水者必定变为疯子。"

次日晨，全城居民——除了国王和侍从长——都饮了井水，并果如女巫所言变为疯子。

当日，全城居民都在交头接耳："我们的国王和侍从长疯了，我们必须罢黜他！"入夜后，国王令侍从长取来满满一金杯井水，两人一饮而尽。

翌日，遥远的维拉尼城一片狂欢，人们庆祝国王和侍从长恢复了"理智"，国王也庆幸自己保住了王位。

要求：1.读了这个材料，你有何感触？请在全面理解材料的基础上，自选角度，自拟标题，写一篇议论文。 2.不要脱离材料的含义作文。

【解题】这是一则寓言故事。一般地，寓言故事里的人、事、物，都是来喻指现实社会里的人、事、物，以喻歌颂、讽刺之旨。

全城居民：饮毒井水——变成疯子——欲罢黜贤明的国王——集体的愚昧与悲哀。

国王和侍从长：正常人——迫于形势、权衡利害、从众饮水——也成疯子——保住王位——清醒的麻木、逐流合污。

立意角度之一，否定国王做法：反对随波从众，苟且偷生。

立意角度之二，否定全城居民：群体的愚昧，三人成虎，是非颠倒。

立意角度之三，揭批最恶的黑手——女巫。

〖学生习作1〗

莫因世俗改变自己

人大附中　熊雯

一夜之间，维拉尼的百姓成了疯子。清醒的国王在一片罢黜之声中选择喝下井水，恢复疯子们眼中的"理智"。这真的是理智吗？一个人若是失去自我，便如同失去灵魂。所以，我认为，不要因世俗改变自己。

自我是每个人的财富。因世俗就改变自己的人，其结果只会成为众人茶余饭后的笑料。这让我想起了《皇帝的新衣》，在面对全城百姓都称赞自己的"新衣"之时，皇帝先前虽有疑虑但又不愿承认自己的愚蠢，便真的开始欣赏他"美丽的新衣"。这一切荒唐之事直到小男孩的一句"皇帝没穿衣服！"才结束。维拉尼的国王和没穿衣服的皇帝，他们看似在主观上被周围的民众所接纳，但客观来看他们都是愚蠢的。国王成了"疯子"，皇帝成了"傻子"。他们为了自己的王位、名望而抛弃了自我，竭力迎合世俗。没有了自我，他们便只是一个躯壳，一个内心世界荒芜的人。

"世人皆醉我独醒"是一种勇气、一种坚持自我的信念。那些在黑暗面前，在世俗的质疑声前不妥协的人最终成就大事。在"天圆地方"和"地心说"已经沦为教会用来统治人们的工具的时代，哥白尼大胆提出"日心说"的观点，他知道将要面对怎样的疯狂打击，仍不顾教会的反对与威胁，不顾他人的质疑，只因心中自我追求科学真理的信念。同样，曾有位意大利天文学家被活活烧死，他的"罪名"就是违背圣经的教义，论证地球呈球状。当世俗已被旧有的思想所控制，他们不愿像故事里的国王那样甘心与众人一起"昏睡"，而是时刻保持清醒，不因他人的意志而改变自己。经过时间的考验后，原来的"荒谬"之说成为了科学真理。

一个人的昏庸不算可怕，可怕的是清醒的人因为自己身处的环境而选择沉默与屈服。就这样，一个一个沦落，一个一个沉睡，他们的生命在时间中一点点逝去，而无法展现为人最重要的自我的精彩。国王在喝下井水的同时丢掉了自我，之后，他只是一个疯子们眼中的"正常人"，正常人眼中的"疯子"。在一步步地丧失自我之后，只能是无穷尽的屈服。

所以说，我们要珍惜自己的独立自我，不要因世俗改变自己。这样即便是在平平庸庸之辈中，我们也能鹤立鸡群，实现人生的价值，展现生命的精彩！

〖学生习作2〗

众人皆醉我独醒

人大附中　徐可欣

国王为什么恢复了正常？这并不是因为女巫魔法失效，而是因为大家都疯了，只有成为疯子，才能成为疯子眼中的正常人！这不能不说是个悲剧。因此，真正的理智并不是成为大家眼中的正常人，而是在众人皆醉时，仍能保持清醒，坚定自己正确的立场，做到"众人皆醉我独醒"。

什么是正确的？每个人心中都有不同的标准。随着时世的变化，人们或多或少受到一些外物影响，心中的准绳也随之飘荡。于是，当错误的观点深深扎根于众人心中时，那些坚持真理的人便成了人们眼中的怪物。那些晕头晕脑的人在嘲笑他人时，殊不知自己才是真正的怪物。但在这种混沌的年代，许多本是清醒的人却受不了别人异样的目光，放弃了自己的信仰，津津有味地做起了"正常人"。而那些在众人唾弃声中坚持真理、不以众人扭曲的标准衡量自己的人，在众人皆醉时独醒，创出了一番事业，成为了民族的脊梁。

曾经有这样一篇报道：一个小孩在被误送入特殊教育学校后，也成为了一个智障儿童。这是为什么？孩子回答："我刚来时，大家都笑我不正常，于是我也学着他们的样子做事，渐渐他们就说我正常了。"这是多么可怕的事！

用众人错误的标准来衡量每事每物，只为追求他人眼中的"正常"，一个正常孩子变成了"智障"。这个例子只是抽象概念的具体化。人们的思想又何尝不是如此？那些与世人同流合污的人被历史湮没，而那些能做到"众人皆醉我独醒"的人却依旧屹立于神州大地上。

人们常说"春秋无义战"。然而，在那个战鼓喧天、杀戮不断的时代中，却走出了中国最伟大的圣人。孔子，本可以过着衣食无忧的生活，但他偏要奔走于各国之间，试图以正确的思想唤醒昏了头的国君。在冷眼与嘲笑中，他没有停下脚步，坚持着正道，追求着理想。宁可累累若丧家之犬，也毫不动摇。在大家昏昏沉沉的时候，孔子依然坚持了头脑清醒，成为思想文化史上的参天大树。

鲁迅，一个用笔作手术刀解剖国民心灵的爱国主义战士，不愿与众人同流合污。于是，在那个混沌的年代里，他在沉默的荒原上呐喊，呐喊又彷徨。众人麻木又冷漠，鲁迅以清醒的头脑认识到了这一点，于是，他愿做一只风暴中不曾动摇的引航灯，去唤醒铁屋中沉睡的国人。作为清醒的人，他坚持了下来，挑起重担，成为了民族大厦的栋梁。

倘若孔子依附了众人，那华夏文明的一角或将坍塌；倘若鲁迅忍不了冷眼，做了个冷漠的看客，那中国现代文学的灵魂或将黯淡。而反观当今社会，多少人只为追求别人眼中的"正常"而与众人同醉，甘愿从一个正常的"怪人"，变成一个怪异的"正常人"？不论是个人，还是国家，总需要一点"众人皆醉我独醒"的理智、一种不同流合污的精神。

想想遥远的维拉尼吧，做个保持清醒的人！

〖学生习作3〗

呐喊，还是昏睡

人大附中　高鑫炜

鲁迅曾提出著名的"铁屋论"：在一个铁屋里，一群人昏睡着，有一两个人醒来了。那这一两个人，是呐喊好呢，还是一同昏睡好呢？显然，材料中的国王和侍从长选择了昏睡，选择放弃理智来维护自己的身份与地位。而我却认为，呐喊者坚守自己的信仰，才是真正的强者。

是谁，在临行前弹奏了一曲绝响，任宽衣博带在空中飞扬？是谁，以最优雅的姿态面对死亡，让所有苟活者都失去了重量？嵇康，在那个疯狂的世道中举头仰望，在最黑暗的日子里坚守信仰！纨绔子弟钟会虔诚地拜访，他不屑一顾；街头巷尾对他人格的议论，他更不放在心上。"非汤武而薄周孔，越名教而任自然"，只因他保持着自身的高洁，不愿与俗人为伍；只因他崇尚着高贵的品德，宁肯用生命去呐喊，也不愿苟活昏睡。仿佛饮了女巫的药液似的，所有的人都疯了：为了名利可以出卖朋友，为了地位可以杀人如麻。而嵇康偏能"酌贪泉而觉爽""出淤泥而不染"，用生命谱出一曲华美的乐章，以死亡，作出振聋发聩的呐喊！

"宁赴常流而葬乎江鱼腹中耳，又安能以皓皓之白而蒙世之温蠖乎？"屈原的一死，惊天动地。常人之心恰如那个劝屈原接受现实的渔父，或是被名利迷惑了双眼，失去了本真的追求；或是洞察了世事，因而也放弃了纯洁的信仰。而屈原则是高贵的，与其饮下罪恶的井水，恢复常人的"理智"，毋宁让他去死。为了保住自己的地位而苟活于世，奉行当权者那一套尔虞我诈的游戏规则，他是不会干的。屈原的呐喊是无声的，但那呐喊声中所迸发的力量，却足以叫醒许多昏睡的人，这样的人生才是有价值的，才不会让一个原本高尚的民族被邪恶吞噬。

那真的是一个艰难的抉择。昏睡了，疯了，就没有了良心所带来的许多烦忧，没有了道德的约束，没有了因自身的独特而引发的议论与嘲讽。呐喊了，以一人之力对抗天下人，前途的危险不言自明。可是，鲁迅选择了呐喊，杨涟选择了呐喊，徐渭选择了呐喊。因为他们知道，即使前方的路途荆棘丛生，也依然能够看到希望的点点星光；即使要承受周围人的冷嘲热讽、白眼相向，灵魂的高尚必能在千百年后熠熠生辉。因为心中的信仰，所以，宁愿牺牲地位甚至生命去换来民族的觉醒；因为心底的那份高贵，所以，千万人的阻挠也挡不住他们的呐喊与呼号！

我们相信：深情而坚定的呐喊必定能张扬个性，叫醒昏睡的人们；我们坚信：我们的国家中，正直善良的人都不愿昏睡。

〖学生习作4〗

任尔东西南北风

人大附中　王晓彤

"国王和侍从长疯了！"全城的居民都这样说。虽然国王内心觉得自己应该是正常的，但因担心被罢黜，或因三人成虎，对自己产生了怀疑，或是人人都有的人云亦云、随波逐流的心理在作祟，他屈服于众口，喝下了井水，去寻求那份"理智"。其实，坚持真理，坚持自我才是理智。

这个故事荒唐可笑，但细细品味，不由觉得苦涩。现实中的我们，不也常会像国王一样吗？迫于生活的压力，社会的舆论，抑或是因对自己的自信不足，我们被牵住鼻子，走向与内心深处的航标相反的方向，丧失了本真。我们被动地、委屈地活在不属于自己的世界中，像原本贤明的国王无法再使国泰民安一样，我们无法实现自己的价值。这样的随众心理把国王变成了疯子，把人们变成了水流到哪里就跟着漂到哪里的死鱼，所以我们要坚定航向，做自我、真我，不要让自己独特的声音湮没在人流中。"任尔东西南北风"，坚持自己的见解、个性，实现独特的个人价值。

这样的坚持真理、坚持自我，不仅能使个人价值实现，甚至能用独有的航向引领世界发展的方向。

"地球绕着太阳转？"荒谬！全世界的人都知道地球是宇宙的中心，哥白尼竟斗胆提出个"日心说"！教会劝说、警告，但哥白尼坚持自己的说法。尽管被所有人称作怪人，冷眼相看，但他仍坚持真理。他的心中有一盏明灯，知道自己是对的，不为迎合权贵而屈服，不因担心刑罚而默默放弃自己的观点。于是，他坚持着，他的坚持使"喝了井水的人"清醒，后来，曾反驳他的科学家也开始支持他，而今天，所有人都接受了"日心说"。曾经仅仅在他心中闪着微弱光亮的明灯此刻照亮了世界，他的坚持真理为世界的前进指明了方向。

每一次的坚持真理都为科学带来一次革命，达尔文的自然选择说、玻尔的量子理论……正是这些曾经看起来荒谬的理论为科学的发展翻开新的篇章。科学的发展要真理，艺术的创作要个性，杰出的艺术家，必是坚持自我的强者。

《夜巡》创作出来后即遭到世人否定，伦勃朗被所有人嘲讽，但他拒绝再画，拒绝改变风格。他知道什么是真正的艺术，宁可遭嘲笑，也不放弃对真正艺术的追求而去作那迎合世人的图画。于是，"伦勃朗"们在众人的否认中坚持自我，创造出惊世的作品，实现了个人价值，美化了世界。

所以，恰同学少年，正处于乳虎啸谷、百兽震惶之际，鹰隼试翼、风尘吸张之时，我们更应坚持真理，坚持自我，保有青年的锋芒，不要在人流中迷失方向。科学的进步，艺术的发展，世界的变革，需要坚持个性的我们！

【点评】学生习作1～学生习作4都从国王角度立意。举世混浊，不随其流而扬其波；众人皆醉，不铺糟而啜其醨。坚定原则，坚持真理，坚守理性，坚执操守，不随波逐流，不同流合污。四篇学生习作，观点明确，讲道理明晰，但在这方面，还需要再加强，以增强论证力度。所举事实较典型厚重，别具参考价值。

〖学生习作5〗

三人成虎　积毁销骨

人大附中　姜颖

看到这则写作材料，我想起了另一个寓言故事：

暗无天日的井下，生活着一群青蛙。它们守着偶尔流落井中的几缕阳光，生活平静，彼此相安无事，但当一只青蛙跳到了井外，领略了井外的美好世界，再回到井下，向其他蛙说起外面的美景时，井下的世界便如一石投水，不再平静。那只蛙在群蛙眼中成了恐怖分子，犹如一颗定时炸弹，随时都有引爆的可能。它先是一惊，明明知道外面的世界是真实存在的，却无蛙相信。最终，这只青蛙只得在众蛙一致的排挤下不再说话，孤独地挨过一生。

生活于地上的众人对于井下青蛙的悲剧全然不察，又上演着一幕幕求同排异、自以为是的闹剧，就像那群国民和他们愚昧的国王。

真真假假，是是非非，大千世界，纷繁复杂，上一秒还在应者如云、前呼后拥中享受被人捧到天上的快感，下一秒也许就人走茶凉，被践踏于足下，淹没于世人异样的眼光、汹涌的口水中了。谁敢说自己对于纷纭世事看得透彻呢？于是"志同道合"的人自发地走到一起，找到了自己的群落，当这个队伍壮大到一定程度的时候，人们就有了足够的信心喊出：我就是主流，我就是真理。为了维护自己从中获得的可怜的安全感，并掩饰自己的无知和恐慌，他们本能地排斥和自己持有不同意见的人，并不惜以暴力遏制那些"异类"，当然，更不会管孰是孰非。

"木秀于林，风必摧之；堆出于岸，流必湍之；行高于人，众必非之。"所谓"三人成虎"，却使志士遭殃。当大多数人达成共识——哪怕站不住脚时，一个怀疑的声音也显得尤为刺耳。于是，那个敢于发出"异端"声音的人便被称为"疯子"，而那些"疯子"也许才掌握着真理，而自以为是的众人却可恶地将他们扼杀了。

达尔文初写《物种起源》背负了多少骂声和抨击，蕾切尔·卡逊写《寂静的春天》遭受了多少冷嘲热讽，伽利略捍卫"日心说"时忍受了多少尖锐的苦痛和人间的轻视！今天，我们发现了他们的价值，该多么庆幸那些智慧未灭绝于世人愚昧的打击之下，又多么痛心那些造福人类的天才的殉道者所走过的荆棘之路！

众人的力量实在太过强大，越愚蠢越自是，越无知越疯狂，他们可悲的打压使得多少先进文化迟来甚至毁灭，还造成了如愚昧国民和青蛙一样的"酱缸文化"带来的悲剧——使国王等人为了苟活，放弃尊严，终成笑柄。而历史的发展证明：昨日的"异端"往往是今日的主流，而今日的"异端"也许就是明日的主流。有变则通，今人自以为"智慧"而不许别人"疯狂"，社会也许在表面的平静中平静至死。冲突不可怕，不一样不可怕，那些众人的顽固守旧、无情打压制约着社会发展，才最可怕。

所有人都"聪明"与所有人都"疯了"没区别，而国王恢复了所谓的理智，世上便再无"明白人"了。让我们祝愿——人类不会像井底青蛙，也不再上演维拉尼的悲剧。

【点评】本文从维拉尼居民角度立意。众人愚昧疯狂，丧失理智，力量强大，左右局势，危害大矣。国民性的改造任务是艰巨的，这让我们再一次想起了鲁迅。我有这样的读书体会：当在现实生活中遇到疑难困惑时，总能在鲁迅先生的作品中找到答案。我呼吁：我们一定要多读鲁迅先生的书！

四、见多识广——优秀作文，他山攻错

[展示] 作文题目4：阅读下面文字，按要求作文。

为了在沙漠干旱恶劣的环境中生存，仙人掌把叶片蜷缩成针刺，以减少水分蒸发，在大漠中安营扎寨。沙漠大黄则向四面伸展肥硕碧绿的叶片，通过叶片上许多凸凹不平的纹理，将落到叶子上的每一滴水都导流到根部，开出娇艳的花朵。

它们的生存方式，引发了人们许多思考：有人说，在恶劣的环境中，仙人掌和沙漠大黄都有自己的生存智慧；也有人说，在困境中，蜷缩内敛的仙人掌活得从容；还有人说，在困境中，舒展张扬的沙漠大黄活得灿烂……

请就以上材料，展开联想，自定角度，写一篇文章。题目自拟，写一篇不少于800字的议论文。

【解题】在干旱恶劣的环境中，仙人掌，蜷缩内敛，活得从容；沙漠大黄，舒展张扬，活得灿烂。

这是两种生存、生活方式，命题是借此来喻人生事理。

有人说："适者生存，内敛和张扬都是生存、生活的智慧。"

有人说："蜷缩内敛才能活得从容。"

有人说："舒展张扬才能活得灿烂。"

我以为，这三种立意皆符合题意。

[展示] 立意角度之一：沙漠大黄

〖学生习作1〗

逆境中绽放

人大附中 刘子加

人生不如意事十之八九。我们时常会感觉如同生长在沙漠中的植物一般，恶劣的环境与贫瘠的土壤阻滞着我们的前行。然而，沙漠大黄却不因这般困境而蜷缩，而是舒展叶片，勃然绽放。人生同样需要这种绽放，逆境中的绽放。

　　浩渺黄沙中，能够存活的生命少之又少，唯独沙漠大黄不被这种环境所左右，而是绽放得愈发绚烂。既然它的种子播撒在这里，既然它的根脉深植在这里，它就只得迎难而上，释放生命。正是它的绽放，不仅为自身汲取水分提供了生存空间，更为茫茫大漠装点出点点绿意，冽冽花香。

　　人生亦如此。种种的困境总会如藤蔓缠身，令人挣脱不得，步履维艰。学者梁衡曾将身处逆境之心态分为四种："一是心灰意冷，逆来顺受；二是怨天尤人，牢骚满腹；三是见心明志，直言疾呼；四是泰然处之，尽力有为。"真正敢于选择第四种心态并付诸行动，需要勇气与力量，而这种力量生发于心中对于生命的无限热情与顽强不屈的精神。冲破逆境而绽放的花朵，比在温室的呵护下成长的植物多几分狂野与热烈的美，必定更为灿烂。

　　"一封朝奏九重天，夕贬潮州路八千。"被贬至穷乡僻壤，这对一官半职来之不易的韩愈来说，可谓极不遂心的逆境了。然而，到达这灾荒连连的落后的潮州后，韩愈立刻收拾起个人的失意，投入到修治浚理中，投身于同不公命运的抗争中。兴修水利、驱逐猛兽、兴办教育、赎放奴婢，他一连为百姓做了这四件事，如同新官上任一般，而完全不像个迁谪之人。韩愈怀揣满腔澎湃的热情舒展着自己的生命，将浚理的双手伸向他所能触及的每一个领域，手之所触便化腐朽为神奇。"八月为民兴四利，一片江山尽姓韩。"潮州的江山皆因他的功绩而易姓。可见，是这困境中的绽放，成就了"文起八代之衰，道济天下之溺"的韩昌黎。

　　与之相类，林则徐在迁谪西北边陲的恶劣环境中为中华大地增添 20 万亩农田；左宗棠引得春风度玉关，在风雨飘摇的清王朝没落之际收复新疆；竹林七贤在昏暗不堪的乱世中饮宴，酣畅淋漓；海伦·凯勒也是在黑暗与寂静的折磨中开启了心中的光明……然而，与此相反，西汉才子贾谊身处困境却不善于应对，身负不世之才却因"不善处穷"而英年早逝，可惜可叹！

　　诚然，天不遂人愿。然而，天亦不绝人愿。命运总是偏袒那些在逆境中无所畏惧、依然不屈地将生命与才能发挥至极致的人。只要敞开心胸以全部的热情与力量拥抱生命中的困难，尽力而为，终将冲决罗网，呈现生命的精彩。

　　因此，勇者当在逆境中绽放。

[展示] 立意角度之二：仙人掌

〖学生习作 2〗

蜷缩是一种智慧

人大附中　袁帅

沙漠中的仙人掌为适应干旱的环境，将叶子一片片蜷缩成针刺，减少水分蒸发。在逆境中收敛光华，以求得生存，这何尝不是一种智慧？

蜷缩并不是退却。鲁迅先生曾被反动派悬赏缉拿，为此，他拖家带口，辗转数地，终得保全一家人性命。在这个过程中，他仍孜孜不倦地学习，笔耕不辍，创作出了许多伟大的作品。他曾在《记念刘和珍君》中满怀苦痛地写道："她不是'苟活到现在的我'的学生……"可是即使先生活得苦痛，他仍要"苟活"，为的是保存实力，为的是"韧"的战斗。他不得不蜷缩；蜷缩，然后生存；生存，然后战斗。

蜷缩并不是消磨志气。范蠡因惧功高震主而选择收敛锋芒，逍遥世外，"在越为范蠡，在齐为鸱夷子，在吴为陶朱公"，这也是一种蜷缩。纵观中国通史，每个朝代的开国元勋有好下场的屈指可数，而范蠡在名声最盛之时勇退而经商，也是成就他令人艳美的人生的关键因素。辞官两次后，他改名陶朱公，一袭白衣，携西施泛舟于五湖，飘然如谪仙。不做官了可以经商，不经商了还可以吟诗作画，蜷缩不是放弃快乐的生活，而是为更好地生存而规避死难的合理手段。他不得不蜷缩；蜷缩，然后生存；生存，然后灿烂。

你见过沙漠的雨季里仙人掌开花吗？那些璀璨的、火焰一般的花朵。那是仙人掌的隐忍经过困顿之后快乐的爆发。它不会舞蹈，它只会深沉地呼吸，长出一口气，以砥砺品质，振作精神。它让自己变得成熟，变得坚硬，也拥有了一颗柔软而强大的内心。蜷缩是一种智慧。

文天祥在《指南录后序》中说："予分当引决，然而隐忍以行。昔人云：'将以有为也。'"隐忍是一种蜷缩，而蜷缩，是为了生存，是为了困境之后柳暗花明又一村的转机。在逆境中蜷缩以保护自己是一种聪明的策略，然而不抛弃、不放弃、不气馁、不退却，是最根本的有骨气。把个性中的棱角包裹隐藏，从而让这个世界上想要找麻烦的因子避你而去，比"生如夏花"更懂得生存。

不顾一切地绽放是一种短暂的燃烧，而小心翼翼地蜷缩是一种宁静的从容、伟大的智慧。

[展示] 立意角度之三：沙漠大黄与仙人掌

〖学生习作3〗

困境中的智慧

人大附中　郭文硕

在恶劣的环境中，仙人掌蜷缩内敛，沙漠大黄舒展张扬。这体现的是它们的生存智慧。面对人生的困境，只有生存的智慧才能助你成功。

内敛是一种内力的积蓄，是困境中的自我保护，是一种无声的对困难的抗争。当满腔热血的张居正首次提出政治改革的主张，一纸《论时政疏》却石沉大海，无人回应。那时的皇帝不理内政，内阁强人迭起，党同伐异，年轻人空有凌云壮志，又能何为？于是，张居正选择了沉默内敛。后来，徐阶攻倒严嵩，高拱推倒徐阶，高拱又被政敌轰跑，最后得以生存的，却是一向低调寡言的张居正。内敛是一种气质，一种风度，更是一种品格。

与内敛相对的，便是张扬。张扬是困境中充分的自我发挥，是最大限度的自我能力的展现。柳永面对人生中第一次考试就落榜的残酷现实，他道："富贵岂由人，时会高志须酬。"当第二次考试又失败时，他光芒丝毫不减，"才子词人，自是白衣卿相。"直至被宋仁宗"啪"的一声从皇宫大殿扔到市井底层，他冲天的傲气与才情仍是毫未收敛，反而困难愈大，愈是张扬才气。于是他的词情才华在市井烟火中脱颖而出，是那样的灿烂耀眼。王国维言："词以境界为最上"，而柳永之舒展张扬，使柳词超脱于官词之乏味，融入血液情感，创前所未有之境界。

由此可见，内敛与张扬，皆困境中之大智慧。正如余光中言，人生需要"猛虎"与"蔷薇"。"人生原是战场，有猛虎才能在逆流里立定脚跟"，"做暴风中的海燕，做不改颜色的孤星"；"有蔷薇才能烛隐显幽"，"听到暮色潜动，春草萌芽"。完整的人生应兼有这两种至高的境界，一句话，心中应有猛虎在细嗅

131

蔷薇。

诚然，智慧的内敛不是怯懦，智慧的张扬不是虚浮。试想，无边大漠里渺小的仙人掌不肯蜷缩针刺，沙漠大黄不肯舒叶导水，而是盲目地用一腔热血面对困难迎头直上，换来的将不是成功，而是失败甚至灭亡。"我们这个民族前进的路，总是泥泞而漫长。每行进一步，总要伴随苦涩的泪。"困境永远存在，而困境中的智慧是一个人内在心灵的价值体现，这决定着他能否在有技艺和能力的同时，凭智慧的心态与方法成功走向终点。

"世事洞明皆学问"，困境方显大智慧。或内敛，或张扬，就让我们在困境中放射智慧的光芒！

【点评】这一作文命题是典型的比喻型题目。以物喻人、喻理。三篇习作分别从沙漠大黄、仙人掌、大黄与仙人掌立论，全方位覆盖。在论理方面，先格物，再析理，后及人事的说理思路，清晰自然，是合理的逻辑顺序。三篇文章，文质兼具。照此仿写，大可也。

[展示] 作文题目5：阅读下面的材料，按要求完成作文。

语文课上，老师讲解柳宗元的《种树郭橐驼传》，谈到郭橐驼种树的技巧，"橐驼非能使木寿且孳也，能顺木之天以致其性焉尔。"老师提出了问题：以其种树之道，移之哪些方面，也是可以的呢？这个问题让同学们陷入了深思……

假如你在这堂课上要参与讨论，你会阐述怎样的看法？请结合你的感受和思考写一篇议论文。

要求：自选角度，自定立意，自拟标题，不少于800字。

【解题】柳宗元的《种树郭橐驼传》一文，顾炎武以为"稗官之属"，鲁迅以为"幻设为文""以寓言为本"。郭橐驼种树，顺天致性，保全天性，不害其长，柳宗元借种树之道言治民之本，因事明理，针砭时弊。

其一，移之官理。

顺乎民生，不烦令，不劳民，不扰民，养民之术。

其二，移之树人。

鲁迅提出，立人"必尊个性而张精神"。树人，则不人为抑制、不强行改变其禀赋、兴趣和智趣。本其天性，因材施教，因势利导，各成其材。

鲁迅《我们现在怎样做父亲》一文节选：

所以觉醒的人，此后应将这天性的爱，更加扩张，更加醇化；用无我的爱，自己牺牲于后起新人。

开宗第一，便是理解。往昔的欧人对于孩子的误解，是以为成人的预备；中国人的误解，是以为缩小的成人。直到近来，经过许多学者的研究，才知道孩子的世界，与成人截然不同；倘不先行理解，一味蛮做，便大碍于孩子的发达。所以一切设施，都应该以孩子为本位，日本近来，觉悟的也很不少；对于儿童的设施，研究儿童的事业，都非常兴盛了。

第二，便是指导。时势既有改变，生活也必须进化；所以后起的人物，一定尤异于前，决不能用同一模型，无理嵌定。长者须是指导者协商者，却不该是命令者。不但不该责幼者供奉自己；而且还须用全副精神，专为他们自己，养成他们有耐劳作的体力，纯洁高尚的道德，广博自由能容纳新潮流的精神，也就是能在世界新潮流中游泳，不被淹没的力量。

第三，便是解放。子女是即我非我的人，但既已分立，也便是人类中的人，因为即我，所以更应该尽教育的义务，交给他们自立的能力；因为非我，所以也应同时解放，全部为他们自己所有，成一个独立的人。

这样，便是父母对于子女，应该健全的产生，尽力的教育，完全的解放。

其三，移之成才立业。

不悖乎心性，如陶渊明；不悖乎兴趣爱好，不盲从热门专业，古有大才张衡，今有数学家陈景润、寂静钱锺书、"留得清气满乾坤"的孙犁等，还有北大养猪状元陆步轩、北大大学生村官吴奇修……

其四，移之生态保护和环境治理。

因地制宜，顺应生物天性、地质特点和气候规律。围海造田、毁林造田，需慎重决策；移植国外植物美化环境，或许水土不服，劳民伤财。后来的退耕还湖、退耕还林和本土植树这类现象，值得一思。

其五，移之保健养生。

不食不时，即不吃不合时令的食物。春吃芽，夏吃叶，秋吃果，冬吃根。

饮食应荤素搭配、干稀搭配。"生命在于运动""生命在于静止"这两个观点都失之偏颇，应劳逸结合、动静结合，因人因时而异。保全天性，顺天致性，以顺乎生理为要。

〖**学生习作1**〗

何以树人

人大附中　王美璇

十年树木，百年树人，此二者确有相通之处。千年前，柳宗元写下"橐驼非能使木寿且孳也，能顺木之天，以致其性焉尔"的种树之道。育人亦如是，不害其长，不耗其实，则其天者全而其性得矣。在我看来，顺天致性不失为树人之要义。

顺天致性，即顺应自然生长规律，使其依照天性发展。何为天性？是禀赋，是兴趣，是智趣，是心灵的呼声，是生命的底色。集体层面，当下，社会分工日益细化，人才需求日益多元，思想文化日益包容，为各色人等百花齐放提供了广阔的舞台，使不同角色的特殊性得以彰显发挥。个体层面，人性各异，皆有所长，优劣难论。育人不是工业生产，力求标准化、归一化，而应使外力与内部固有潜能同频共振，迸发最洪亮的个性之声。惟此，方能人尽其才，才尽其用。可见，无论是集体之需还是个体所求，顺天致性可以助稚嫩为成熟，补缺憾为完满，是育人的必要之举。

江山易改，本性难移。逆天抑性不仅困难，而且害甚。先说其难，逆天无异于阻截长江之水，抑性无异于封堵火山之口，向上续垒岂不比拆墙重筑容易得多？再论其害，如果说顺天致性是在地基上盖房屋，那么逆天抑性则是平地起高楼，微小震动便足以使其动摇。文曰："爪其肤以验其生枯，摇其本以观其疏密，而木之性日以离矣"，施之于人，只能使之如邯郸学步，迷失自我而又难以企及他人，人之才日以没而才之用日以鲜也。既困难，又害甚，何苦为之！

顺天致性的重要性并非一纸空谈，神童宁铂的陨落便是最好的证明。两岁背诗，三岁数数，四岁读书，十三岁下棋胜副总理，入学少年班，本应成为一代英才。但是，学校为其选择理论物理作为专业，拒绝他的转系请求，让本喜爱医学、化学和天文的他不胜痛苦，终致学业无成，泯然众人。人们不禁要问，那份聪慧去哪儿了？那份灵性又怎会无果而终？这便是不曾顺天致性的结局。神童尚且如此，何况芸芸众生？

万事皆有度。顺天致性并不是放纵娇惯，任其发展，而是本其天性，因材施教，因势利导，各成其才。不人为抑制，不强行改变，正如鲁迅先生所言，"尊个性而张精神"。

如今，我们欣喜地看到，顺天致性的教育长势正盛。对仍旧存在的兴趣班跟风现象，对唯考试是教的功利化教育，我建议一些人多听一听孩子心灵的呼声，看一看生命的底色，读一读郭橐驼的智慧，品一品顺天致性的真谛，做有益的教育者和成功的学习者，让每一个人绽放属于自己的美丽。

顺天致性，回归生命之本，浇灌天性之花。

〖学生习作2〗

教育应顺天致性

人大附中　武岚琛

当今社会，对人才之需求愈发急迫。面对统一的量化评价标准，急功近利之徒比比皆是。教育逐渐从陶铸国民变成统一的流水线工程，学校逐渐从授业解惑之地成为考试加工厂。当教育人才变成拔苗助长和强行逼迫，教育究竟何去何从呢？

我以为，"顺木之天以致其性"乃种树之正道，顺天致性也是教育的第一要义。

何为天性？日出林霏开，云归岩穴暝，乃昼夜变化之天性；野芳幽香，佳木繁荫，风霜高洁，水落石出，乃四季更迭之天性。每个节气有每个节气的物候，每个时辰有每个时辰的天光。顺天致性，是一种对自然安排的服从，农人顺天致性可以收获满仓五谷，教育者顺天致性方能收获真正的人才。顺天致性指的是，顺应一个人发展的规律，遵从他本身的特质和个性，不做超于这种本质的事情，不做改变这种本质的事情。

教育顺天致性，被教育者的学习过程才能各得其所，其悟性和天赋集中于此，稍加引导可成就其才。孔子因材施教的教育观念便基于此，在《论语》中孔子对弟子关于"孝"的提问的回答便是做到了顺天致性。他熟知弟子的为人心性，知道子夏脾气急躁，便说"色难"。回答子游的时候，便要求他要做到对父母的尊敬。他没有对弟子过多要求，没有强迫弟子去做，没有一成不变地宣扬大道理，而是给出具体执行性强的做法。这些不正是孔子正视弟子天性、顺天致性、因材施教的良好佐证吗？

顺天致性是科学的教育原则与方法。反观当今社会，急功近利者要么为了降低成本，追求统一的教育模式；要么期待其快速成才，揠苗助长。前者便是《马说》中让千里马和劣马同槽的行径。食量大的千里马食不饱力不足，千里之能无法体现。食马者可能还觉得它没有载重能力，于是，千里马便被埋没了，这样的教育只会毁掉真正的人才。后者这种在播种季节求收获的行为更是荒谬至极，细究其逻辑，何尝不是一种极端的心浮气躁呢？教育是一项需要平心静气、踏实勤恳的事业，岂能是一挥手一顿足就大放光彩呢？

再看当今社会的真实需求，人们渴望具有综合素质并且有所专长的人才。但要知道，这种需求和急迫本身便是矛盾的。一方面渴求快速成型的木材，另一方面期待木材质地坚实，这简直是痴人说梦。本着宁缺毋滥的原则，教育的高品质才是头等大事，切不可急功近利、心浮气躁。要深入思考探索如何培养人才，顺天致性便成为教育的第一要义。

不光教育，冥冥的规律蕴藏于万物之逆旅。科技与现代的光影总会让我们自以为是。超越我们自身的偏见局限，还是要从尊重事物本身规律出发，顺天致性乃第一要义。

【点评】以上两篇习作皆从"育人"角度立意，顺天致性乃树人要义。着眼现实，遵从"文章合为时而著"的写作态度，值得倡导。

〖学生习作3〗

生态保护应顺应自然

人大附中　李欣怡

"当一个地区羊的数量过多，威胁到别的物种生存时，应怎么办？"对此，很多人会回答："放几匹狼进去就好了。"然而，在实践中人们发现，人为的干涉往往会使生态环境的发展与人们的目的背道而驰，而真正对生态保护行之有效的方法是"顺其自然"。

正如《种树郭橐驼传》中，"他植者"对树木的过度担忧和关照，使树木在人们的过度培植之下与之天性渐行渐远。在生态保护中，人类对自然有目的性的干扰，使得生态系统的自动调节能力日渐下降，整个系统日趋紊乱。相应的例子在世界各地比比皆是，人们在石山上种植树木，在荒漠里开垦农田，结果非但不能美化生态环境，反而加剧了风沙的肆虐与洪水的泛滥，这些试图在自然版图上"舞文弄墨"的人，正如"爪其肤""摇其本"的"他植者"，破坏了生态系统的天性，即其本就具有的自我调节与保护能力，使其自然面貌与人们追求的绿水青山相背而行。

在历经了一次次生态恶化的"自然警告"之后，人们逐渐发觉"强扭的瓜不甜"。反之，不强加干扰，"以辅万物之自然而不敢为"的态度，往往能导向良性发展的结果。其实，仅需纵观地质发展史便不难看出，自然生态的变化和繁衍在曾经的数亿年中都是在其"天性"之下发展，是近几百年来人类的强制介入导致了环境的污染与极端灾害的频发。因此，对于生态的恶化，最好的解决办法便是使其回归曾经的状态——自然。近几年来，在这样的"顺天致性"观念下展开的成功的生态保护案例逐渐增多：自然保护区的划定使得湿地的生物多样性逐渐恢复，退耕还林、休牧育草的生态修复区中绿意渐浓、流水渐清……越来越多的人在这些变化中切身地感悟到了"顺其天以致其性"的内涵与意义。

究其根本，为何人类的介入干扰会破坏自然生态的本性呢？原因是：在以保护生态为名号的举动中，往往掺杂着动机不纯的成分。他们将自然环境作为自己的原料厂，不惜将本不该触碰的脆弱环境打破重组，只为了能打造出他们自己心中的景致，以牟取利益。这样的行为无疑是违背自然本性的，作为后果，翠绿的草原在开设景点后变得枯黄，广袤的冰原在接待旅客后逐年萎缩……自然天性的泯灭，实际是当今社会人文精神衰微的表现，欲顺应自然本性以保护生态环境，最迫切的应是人文道德的建构与提升。

自然之天性，于当今人类社会而言，是桎梏，亦是自由。作为后来者的人类，不妨将生态放归自然，让自然以其天性的发展能力，呈现其最本质、最美丽的样貌色彩。

【点评】本文从"生态保护"的角度立意：生态保护应顺应自然。在工业文明被大力发展的今天，尊重自然规律，仍需重提。"绿水青山就是金山银山"是真理。

【大结】比喻型题目重在因事见理，以物喻人，联系现实，立意行文。无论是寓言故事、漫画、植物、动物等，都不可就事论事，就物论物，都要理解喻义，论及人生事理、社会世相。此为纲要。谨记！

板书提要
第五讲　比喻型题目写法讲析

一、命题特点及形式

特点：比喻，即打比方

形式：文字材料类；图表材料类

二、审题立意

（一）文字材料类题目的审题立意

1. 由喻体及本体

2. 由物及人　由寓言世界及现实世界

3. 由物及理　自主立意

（二）漫画类题目的审题立意

1. 看懂漫画　把握主题

2. 依据主题　联系现实

3. 探知意图　确立观点

第六讲

时事评论类写法讲析

【导语】山重水复，柳暗花明。这一堂写作训练课，我们讲时事评论的写法。

一、命题特点

【思问】时事评论有什么特点？

【讲授】顾名思义。时事评论，即针对现实生活中发生的事件发表评论。一般地，时评立场鲜明，或褒或贬，由现象到本质，剖析利害，以指导人们的工作、学习和生活。

【板书】时事评论者，评论时事也

二、审题立意

【思问】如何审题立意呢？

【讲授】首先，分析时事。依据马克思主义、毛泽东思想的原则、立场和方法，对时事进行具体、辩证的分析。然后，表明立场，确立观点。

【板书】审题：用辩证唯物主义的立场、原则和方法进行分析；立意：立场鲜明，或赞成，或反对，或辩证分析，一分为二

【过渡】空说多虚空，试举例解析。

[展示] 作文题目1：阅读下面材料，按要求作文。

一位女教师发现所教的高二班里有28名学生，为完成一项生物课作业，从网上抄袭了现成材料。她认为这些学生品质低下，剽窃他人劳动成果，将其成绩判为零分。家长认为判罚太重，纷纷向学校施压，要求重新判分。学校不堪重压，迫令教师屈从。女教师坚持自己的决定，严词拒绝，辞职而去。该事件经媒体报道后，引起社会的关注，有人点赞，有人质疑。

对这件事情，请任选一个角度进行评论，表明你的态度，阐述你的认识。

题目自拟，写一篇不少于 800 字的议论文。

【解题】这是一则网络新闻，是美国一所学校发生的事。

学生角度：作业抄袭——知识巩固，能力提升——学业基础，学品人品——非诚信，无规则——事业之基。

老师角度：职业操守，毫不妥协——秉承师道——教书育人——严师出高徒——社会标尺——现实意义。

家长角度：偏袒溺爱，无理取闹——纵恶——虽曰爱之，其实害之——父母之爱子，则为之计深远。

学校角度：妥协退让，无视校规——学风不正——考风败坏——教育堪忧。

综合角度：以"如何教育"这个角度立意，将学生、教师、家长、学校几个方面综合起来进行评论，如：教育在立德树人，不能只重分数。这样立意也可以。

三、行文表达

【思问】议论文一般结构：起承转合。那么，时事评论该怎样写作？

【讲授】此问题我们反向切入。写时事评论，一忌"穿靴戴帽"式，即文章开头引入时事，结尾重提时事，而中间内容与时事无关或关联疏远。二忌弃时事于不顾，即文章只从材料中引出观点，主体论证不涉及时事，属"另立锅灶"。第一章讲授的议论文的"起承转合"式章法，仍适用于时事评论文。

📝【板书】时事评论一般思路和结构：

起：引述时事 提出论点

承：议论时事 深入分析

（揭示本质——或揭示危害、后果；或阐述价值、意义）

转：由事及类 广泛论证

合：结束全篇

【讲授】时事评论，如此行文，可也。需要强调的是，"转"的内容，是由"这一件事"到"这一类事"，由点及面，广泛联系实际，时评的现实意义就会更充分。这样行文，笔触广阔，远胜于"就事论事"。请看具体例文：

〖学生习作1〗

莫让剽窃毁去一切

人大附中　李祎岸

一位教师发现班级里有学生为了完成作业，从网上剽窃现成材料，于是将他们的成绩判为零分。这些学生的家长认为判罚过重，向学校施压，要求教师重新判分。学校不堪重压，迫令教师屈从。教师坚持自己的决定，严词拒绝后辞职而去。对此有人点赞，有人质疑。我认为该教师的做法值得点赞，必须支持。

这些学生剽窃的行为本就不正确，给予零分处罚无可非议。有人认为学生偷懒，抄袭作业只是小事，不应进行这样的处罚。其实，这涉及诚信的道德底线。这种不诚信的剽窃无论是对自己、对他人，还是对社会都危害极大。剽窃真的能毁去一切。

这种剽窃行为不利于他们自身学习水平的进步。学习需要脚踏实地、勤勤恳恳。这样的投机取巧，到头只会一场空。更重要的是，一个人若养成了抄袭、剽窃的习惯，就会成为一个不诚信的人。"人而无信，不知其可也。"不诚信的人会被大众鄙弃，难以在社会上立足。不仅如此，剽窃还显出对他人劳动成果的不尊重。一个人为之付出大量时间和心血的劳动成果，被他人随意使用，"摇身一变"成了他人所有。或许剽窃的人觉得无关紧要，但把目光放在科研一线，这极有可能会摧毁一个人穷其一生的科研事业！这简直毫无底线，为人不齿！如果这种行为靡然成风，人们的劳动成果得不到保护，剽窃现象屡禁不止，有谁还愿意付出劳动，进行科技研究？如果无人进行科研，付出劳动，社会如何发展？国家如何富强？

这样说来，看似不起眼的剽窃行为危害极大，可是它并未得到足够重视。家长认为判罚过重，要求重新判分，这样溺爱、纵容孩子的行为绝非个例。

甚至有些老师对此撒手不管，胡乱给一个分数草草了事。这种不以为意恰恰助长了剽窃者的气焰。如今，学生们上有毕业时的论文剽窃，下有考场上的抄袭答案、套作范文。近来 ChatGPT 这一功能强大的软件面世后，一些学生不顾明令禁止，不加思考地用它完成作业。在这里，我想强调的是，这样的剽窃行为真的应该得到重视，不然剽窃就会摧毁下一代！

令人欣慰的是，这位老师宁愿失去工作，也要给学生一个零分的警告，让他们意识到自己的错误。从古至今，有很多像这位老师一样的人，他们有着自己的原则和操守。如西南联大校长梅贻琦，不通融自己分数不够的女儿去报考的西南联大附中就读。这些人身体力行，捍卫着教育的公平与诚信。

莫让剽窃毁去一切！希望学生们都能做到做人第一，学业第二。教师们在教书的同时，不要忘记，最重要的是立德树人。切记：莫让剽窃毁去一切。

【点评】从学生角度评论。习作亮点是把学生作弊一事分析得具体深入，由学业学品到为人人品。最后，提出希望：做人第一，学业第二。正如本书卷首语所言：写作关乎修身。

〖学生习作2〗

坚守心中底线

人大附中　　陈薇羽

女教师给作弊的学生判零分一事引起热议。人们对老师的处理方式褒贬不一，但学生本身的作弊行为更值得深思。古人言："君子尊德性而道问学"，可见尊崇德性须先于学习。作为学生，排在学知识之前的，应是对道德底线的严格恪守。

为了完成作业或是取得一个耀眼的成绩而将道德弃之不顾，去抄袭、剽窃，本就是失信的行为，反映出学生规则意识的欠缺和对诚信的漠视。这种行为的严重性毋庸置疑，且理应受到惩罚。立德乃安身立命之本、为学成才之基。缺失了道德和良知的约束，何谈为学？若让这种歪风邪气盛行而不加制止，后果不堪设想。作弊不仅限制学生的独立思考，易使他们养成投机取巧的坏习惯，还将使学生缺乏脚踏实地的认真态度。既增长了惰性，又败坏了品性。若在平日学习中都无法坚守底线，未来难免重蹈覆辙，甚至误入歧途。与此同时，作弊现象的泛滥会助长不劳而获的心理，从而引发同学间的不正当竞争。长此以往，这将是对良好学风的污染，对学校正面教育的亵渎，更是对诚信理念和公平竞争规则的践踏。

清华大学建筑系主任梁思成的女儿梁再冰和文学院院长兼哲学系主任冯友兰的女儿冯钟璞都坦然接受落榜现实，并未选择其他门路。她们知道，父辈们同样把原则看得比生命还重，绝不会干出苟且之事。严尊曾说："心如规矩，志如尺衡，平静如水，正直如绳。"这便是对原则底线的坚持，是公平正义的人格代表。

如今信息技术在不断发展，却有越来越多雷同的论文及作品出现，这无不凸显出学术诚信问题已渐渐被我们忽视。近些年闹得沸沸扬扬的高考作弊一事，暴露出了同样的问题。考生携带手机搜题，最终为其贪念付出惨痛的代价。这种为偷取名不副实的荣誉的作弊行为，属实是有悖于学生的本分。最近火遍全网的语言模拟器 ChatGPT 更是被众多学生用来生成论文来完成作业，甚至应付考试。所谓"君子慎独，不欺暗室，卑以自牧，含章可贞。"在网络时代，当抄袭作弊成为动动指尖的易事，我们是否能始终坚守住道德的底线，真正做到无愧于心？

诚然，事例背后揭露的学校和家长对作弊行为的轻视同样引人忧思，他们对学生的品格教育责重山岳。而我们学生更应陶冶身心、涵养德行，从杜绝作弊做起，守住诚信的根基。大丈夫立于天地之间，当行光明磊落之事，须克己、慎独、守心、明性。

这28位同学的教训警示我们要增强定力、行端表正、恪守原则。即使是无人时、细微处，也绝不逾矩、不越轨。这种底线意识，在他人看来是坦荡，对自己来说是心安。

【点评】从学生角度评论。学生作弊不利于学业成就、品质养成、学风养正。呼吁学生要有底线意识，恪守原则，磊落行事。此角度立意，反思自身，值得一赞。

〖学生习作3〗

赞师德之弘毅

人大附中　霍向婕

近日，一名女教师面对学校与家长施压，坚持公正判分的新闻在网络上广为传播，众说纷纭。于我而言，女教师坚持己见、恪守原则，是对新时代弘毅师德的最好诠释。

弘，宽广也；毅，坚韧也。朱熹说："非弘不能胜其重，非毅无以致其远。"女教师坚守底线，面对胁迫不为所动，着实体现了其师德之坚韧，意志之坚定。在当今这样物欲膨胀的社会中，能有这样恪守道德的老师已是一大幸事。若在学校这种相对单纯的环境下都不能做好正确的价值引导，那么教育观念的漏洞可见一斑。而坚贞如女教师，却只能落得愤然辞职的结果，着实令人唏嘘。

"古之学者必有师。师者，所以传道受业解惑也。"道之所存，师之所存，道必先于学。自古以来，中国的教育观念里，传授立德修身乃是第一位的。今者之徒，本末倒置，学先于道不说，为学竟也不艰不勤，不专不精，行剽窃他人劳动成果之事，真可笑耳。师德不仅需老师遵循与践行，更需学生弘扬与传承。从师学习知识仅是皮毛，修齐治平才是真学问。至于女教师的28名学生，皮毛尚不可及。

践行师道是对老师的要求，传承师德更是对学生的考验。老师以身作则，坚守职业道德，严谨认真对待学生的抄袭行为。但其学生却并未传承其精神，仍旧我行我素，对待学术不严谨尚且不论，丢掉诚信这一立身之本才是大忌。成功的教育，学生身上应有老师的影子，少数得真传者对老师的师德加以润色、升华，持守发扬，方能青蓝相继。如果学子们都如这28名学生一般，对老师言传身教的美好品德视而不见，置之不理，那么，有识之士恐怕真要变成"九斤老太"，整日将"一代不如一代"挂在嘴边了。

国人对师德之重视程度已无需多言。为师者，立德树人，诲人不倦。汤显祖之师罗汝芳，一生讲学布道，"倡明德之旨，为后世学宗，四方学者响应"。

以至汤显祖日后回忆，仍对他感激不尽。江西山村教师支月英，扎根大山40多年，从"支姐姐"到"支妈妈"，绚烂了两代人的童年，白了她的麻花辫。从师者，尊师重道，传承师德。从古至今，上有程门立雪，下有宋濂侍师，不胜枚举。毛泽东对徐特立格外敬重，邀他至家中吃饭，请他坐上座。鲁迅尊敬寿镜吾先生，外出求学期间，每次放假回家，总去探望寿老先生。一代代薪火相传，才铸就了中华民族尊师重道的优良传统。

今人有目光短浅者，如责令女教师的家长之属，对恪尽职守、严谨认真的师德不予理睬，甚至加以抨击排挤，提醒我们重申尊师重道十分迫切。前有韩愈"奋不顾流俗，犯笑侮，收召后学，作《师说》"以警示世人。今日弘扬师道之责任，在你，在我，在青少年。

女教师所作所为，勇气可嘉，但真能践行者少矣。亟待有识之士，倡行师德风范，使立德树人传统延传下去，生生不息。

【点评】文题"赞师德之弘毅"，语发中肯，女教师胸怀宽广、坚毅执着、坚守师道、毫不妥协，堪称英雄。文章强调尊师重道，赞扬弘扬师道的老师，在当今师道不昌的背景下，此文显得格外醒目。

〖学生习作4〗

为师，为士

人大附中　王星运

同学写作业从网上"借鉴"，这种行为老师大多是睁一只眼闭一只眼。可一位老师给抄袭的同学判了0分，引起了家长的不满，遭到学校的施压，她却坚持不改判，怒而辞职。我以为，她这样的行为值得尊敬，她不仅是师，也是士。

知识只有到脑子里才是自己的，仅仅浮于表面，从网上看到答案，一抄一划就当是自己的了，这是学不好的。老师不给他们分数，是正义之举，也是无奈之举。不劳而获，不独立思考而依赖他人，这是我们从小就要摒弃的。老师警示了他们，作业不是为了老师而写，求学是为了修身，为了更好的自己。她的目的是让同学掌握能力，而非故意刁难他们或诋毁他们的学格。她是多么爱这些孩子啊！这样深刻的一课是黄金都换不来的！

可家长不理解老师的用心，甚至认为抄袭理所应当，逼迫老师重判。在他们眼里，清洁、高尚都变得可耻了，反倒是投机取巧应被提倡。学校没有保护老师，反而"为虎作伥"，不知让老师流了多少辛酸泪。但她依旧坚持自己的风骨和底线，严词拒绝。作业独立完成是做学生最基本的事，可大家连这都做不到，她怎么能同意改判？诚然，现实中能有她这样的骨气与自尊的老师太少了，大多都屈服于世俗的压力。我们或许做不到"威武不能屈"，但至少应对这样的"士"怀揣一份敬意。

最近，ChatGPT 大火，可许多大学生竟让它代写论文，程序员靠它偷懒怠工。本应成为破题利器的程序却被滥用反成为恶之根源，被许多高校和机构禁止。我想无论到什么年代，即使科技发达到人们已经不需要工作，生活全靠机器人服务时，真本领也是凭借小聪明学不来的。只有一点一滴做到咬文嚼字的地步，它才真正属于自己。或许只有这样"敲警钟"的方式，才能让学生猛醒，这是多么有勇气和智慧的教育行为。

她更值得称颂的是"士"的气节。号称"云南王"的龙云为西南联大捐款数十万，可女儿竟落榜。他愤然找校长梅贻琦说理时，获知梅校长连自己的女儿也没录。同样落榜的还有梁思成和冯友兰的女儿。他们完全有能力左右录取结果，达到自己的目的，但他们想到寒门学子磨剑十年的努力，决然坚持心中的道义，丝毫没有偏心。这便是师德，便是气节。

或许大家认为他们不懂明哲保身，可我想若让他们再选一次，结果仍不会有变。他们是士，永远坚持内心的真理，永远在道义的路上高歌。是他们让"士"成了师的代名词，是他们让师散发着"士"的光辉。

【点评】此文从教师角度评论。师者，士也。评价独到，表达精辟，甚当。一词定文格，一语见文品，作文当记之。

〖学生习作5〗

教育者要对学生的诚信负责

人大附中 郑道琪

子曰："言必诚信，行必忠正。"一位女教师发现班里有28名学生从网上抄袭现成材料以完成作业，从而取消了他们的成绩。随后，家长和学校施加压力让她修改分数，但她严词拒绝，辞职而去。我十分赞同女教师的行为。教育者的职责是教书育人，而诚信教育便是其中重要的一环。教育者要对学生的诚信负责。

鲁迅先生曾说："捣鬼有术，也有效，然而有限，所以以此成大事者，古来未有。"如果当时这名女教师纵容学生的行为，或顺从家长改分的要求，势必会淡化学生们对抄袭这一行为危害性的认识。这可能导致这些学生在将来的科学研究、学术论文中沿袭抄袭他人、剽窃学术成果的行为，最终给自己带来恶果，污染学术环境。相反，该教师对他们的诚信负责，批评了他们的行为，并记了零分以使其印象深刻，帮助他们在学生时代培养诚实守信的品格。这将是让学生受益一生的财富。

著名教育家陶行知有句名言："千教万教教人求真，千学万学学做真人。"这也是他的教育理念。陶行知的儿子陶晓光在无线电方面很有专长，但没有正规的学历。1940年底陶晓光到成都一家无线电厂求职，厂方要他出具学历证明书。无奈之下，他只好写信给育才学校副校长马侣贤求助，很快一张毕业证明书寄来了。陶行知在重庆闻讯后，立即电告儿子将此证明书寄回，接着又寄出一封家信，给儿子开了一张特别的证明，信上写着："宁为真白丁，不做假秀才。"陶行知不愧为以身作则的教育大家，他对诚信严格而负责的态度，值得千万教育者学习。

然而，纵容甚至协助学生进行造假的"教育者"也比比皆是。例如前些年影响较大的某明星学术造假事件中的某导师就是其一。当届他负责的学生只有一人，当学生通篇抄袭刊登的论文时，他不仅不予指正，还企图帮他蒙混过关。最终，事件败露，官方研究决定取消该老师的博导资格。他对学生诚信的不负责，不仅损害了学术氛围，也给自己、给学生带来了不良后果。

"教育贵于熏习，风气赖于浸染。"教育者只有肩负起树立学生诚信意识的责任，让学生以诚相待，真诚做人，对待学术保持诚信严谨的态度，才能净化学术风气，培养更多人才，为中华民族伟大复兴汇聚更多的青春力量。教育者要对学生的诚信负责！

【点评】本文从全体教育者施教的角度，强调应对学生诚信负责。引用著名教育家陶行知的名言："千教万教教人求真，千学万学学做真人。"那位女教师教道正——求真，学校教育当以陶行知语为教与学的宗旨。

〖学生习作6〗

何日方止"闹"字诀

人大附中　宋子玉

一场因抄袭而被判零分的事件，引发了关于学术不端和中学生教育的巨大争议与讨论，却有着令人讶然的结局——家长组团施压，学校息事宁人，当事老师被迫含愤辞职，整个事件似乎便如此轻易地画上了句号。

家长一组织起来闹事，学校便不堪重压屈从，这样的情节仿佛已不能再令人们感到陌生。遇事不先考虑由正规途径解决，只想着纠集一干人等闹事，借助社会舆论的力量制造事端，用鱼死网破不顾形象的架势谋求私利最大化，这便是"闹"字诀的"信奉者"们的方法论。只是当他们一次次这样达成所愿时，我们仿佛忘了这是股多么应该被遏止革除的风气。

树人者，立德立言立行而已，学术道德和为人品格本就在教师考察学生的范围之内，而学业评定的权利本就在老师手里，老师为学生判分，岂非天经地义？就算认为老师的评分不妥，也大可通过正常渠道由学生向老师递交申请以请求重新评定，家长们越俎代庖地闹事又是为了哪般？想来无非是在规章范围内无理可占，便要置规则秩序于不顾，于法理外另设情理，最终把比谁占理变成比谁嗓门高，本质却只是为了一己私利。"立法令者，以废私也，法令行而私道废"，聚众发声看似声势浩大，可无论看起来多么正气凛然，只要是凌驾于规则之上的索求私利，便无法掩饰无理取闹的本质。只可怜那被人身攻击的老师，和那些学品端正的学生，要浸淫在"闹"字诀的流弊里。

另一方面，相关部门的屈从和纵容也是倍增"闹"字诀危害的元凶之一。相较于据理力争和坚持原则，委曲求全和息事宁人当然是短期内更轻松的选择，只是一旦裁判都模糊了比赛的规则，想要让参赛者继续遵守必定是难上加难。于是，人们越来越看到了"闹"的有利可图，而更多人的纷纷效法又让相关部门更加焦头烂额。"一闹即成、再闹再成、百闹百成"的恶性循环开始出现，"闹"字诀便更加有恃无恐而难以禁绝。

于是，放眼天下，我们能看到此起彼伏的"闹"剧：不需要管医疗程序和"医生不是万能的"这一定律，只要打着正义的旗号便可以无视法律地闹事；不需要考虑野生动物园中发生的事情的事理，只要豁出自己的脸皮就可以闹出一笔赔偿金。外地家长对教育不公平的联合抗议，与北京家长对教育不公平的组队游行，究其性质而言实在是源于同样的心态。闹哄哄的大事越来越多，按规章流程办的事越来越少；看似义愤填膺的人越来越多，真正占到理的人越来越少。"闹"字诀的危害之大，已经在影响着当今社会的每一个角落。

如果人人都罔顾秩序而为自己的利益闹事，社会必将深受其害乃至走向危局。因此，"闹"字诀作为一种畸形恶劣的行事方式，必须被当即禁绝。期待有朝一日，"闹"字诀能在我们的社会中彻底止息，也希望这一日不会来得太晚。

【讲授】此文从家长角度评论。请注意：此文是时评作文的典型范例，与讲授的章法一般不二。起：简洁入题，承：分析学生作弊事，转：由例及类——其他社会现象，合：提出希望。此文可列入范文品级。

〖学生习作7〗

论家庭对学校教育的影响

人大附中 龚一诺

"教育者，养成人格之事业也。"自古以来，家庭与学校皆为教育的两个重要主体，二者相辅则成，相悖则败。一位老师因给学生抄袭的作业打零分而遭受家长的非议，在重压下辞职，可见家庭对学校教育的影响不可小觑。

古时俗谚有云："生我者父母，教我者师父。"此将老师与父母置于同等地位。古时父母为了给孩子觅得一良师而四处奔走求告，拜师时更是全家行礼，向老师表达至高的尊重。父母将孩子全权交付给老师，从不对老师的教学评头论足。老师则传道受业解惑，不仅教授知识，更帮助学生提高自身的道德修养。而今的教育理念是把学生与老师放在相平衡的天平两端，以平等自由的原则进行教与学的融合。诚然,这种教学方式杜绝了打骂式的不当教育,促进亦师亦友的师生关系的形成,但同时也助长了家长"过度保护"的教养方式。一旦老师稍加批评或处罚,某些家长就会以心疼孩子的名义向学校和老师施压乃至举报,却全然不考虑孩子自身的问题,殊不知,这般造成的后果是使老师不敢或不能指正孩子的错误。恶的幼苗未被扼杀于摇篮之中,终将导致作茧自缚、自食恶果。

一位植物学家的儿子拿着一株不知名的小草请教老师,但老师不认识,希望孩子去问问自己的父亲。而父亲却对孩子说,他也不知道小草的名称,老师一定知道,只是一时忘记了,并让孩子把一封详细写明了小草的名称和特性的信交给了老师。这位父亲降低了自己的身份,帮助老师塑造其在孩子心目中的形象,令孩子对老师更加尊敬。一位校长的女儿非常调皮,期末收到了老师没有一句肯定的评语。这位身为校长的母亲并未找老师兴师问罪,而是给女儿留言:"老师的评语就是一块磨刀石,要让你接受反复的磨砺。将缺点改正后,你便是一把举世无双的宝刀了。"家长支持老师,老师支持学生,如此便构建了稳固的三角关系,促进孩子健康成长。

家校共育是近年来被提倡的新型教育格局,家教与校育相互配合,家长对学校教育加以支持,学校对家庭教育作出指导,从而为学生营造良好的学习环境。家长应剥开为孩子编织的厚厚的"茧衣",放下手中的"保护伞",勿以爱之名行伤害之实,要与孩子一起正视现存的问题与缺陷。与其为孩子铺好路,不如教他们学会如何走好路。与此同时,学生也应认真听取老师的建议,提高心理承受能力,不要让自身的缺点成为悬在头顶的"达摩克利斯之剑"。

家长与老师的相逢,本就是一场爱与信任的邂逅。老师和家长对孩子的爱是一样的,互相信任,才能互相成就。

【点评】此文从家长角度评论。习作亮点之一是材料典型、新颖有力。古代拜师重道,一位植物学家的教子之智,一位校长的教女之道,三则材料典型新颖,颇有说服力。再一次证明,读书多,见闻广,是材料丰富的前提。这才是提高写作的法宝。

〖学生习作8〗

守住教育的底线

人大附中　曲沛沛

学校不堪重压迫使教师屈从，老师坚守品格辞职而去的事情在社会上引起热议。一片良苦用心不被接受，甚至连自己的学校都不支持她。不知她递上辞职报告的那一刻，心中是否充满了失望与悲哀？

感动于那位女教师的严词拒绝，我以为，学校应当重筑鲜明底线，成为迷茫无知的学生和尽职尽责的教师们的指路灯和保护伞。

学生靠抄袭摘取现成果实，便难免会像游戏里的贪吃蛇，不撞南墙不回头。为了学生日后不成为偷吃他人现成果实的贪吃蛇，女教师筑了那堵墙。零分的判决，是她对职业道德的坚守，是对学生未来独立思考能力的培养，是对学生诚信品质的关注。可不曾想到，竟会有人将这堵墙洞穿。

近年来，家长向学校施压，社会舆论风向不正的事件屡有发生。老师因批评学生而被家长举报，被教育局辞退；学校因学生在体育课受伤而辞退体育老师……家长作为学校教育的利益相关者，一心扑在孩子身上，不惜抛弃原则的做法情有可原也难以避免。但学校作为青少年教育的重中之重，难道不应掌握正确处理类似事件的方法，又怎能轻易受家长施压的影响而不顾事情真相、丢弃育人原则和职责？

学校应该深知，名不副实的虚名假利、虚浮假象，最终会让这些学生在坐享其成的泥淖中愈陷愈深。我们见到的不是如钱学森者，因发现错误自觉要求降低自己的考试分数，也不是如南仁东、黄大年者，不放过任何一个细节；而是诸如某明星者，顶着博士学位，手握抄袭论文，却不知"知网"为何物。试问，如果没有人来将这种行为扼杀在摇篮之中，没有人来将求真、求知的正确观念播种于学生的心中，我们最终会生活在一个怎样的社会里？抄袭将渐渐演变为坐吃山空。当精神的原野逐步走向贫瘠、荒芜，灵魂的清溪日趋干涸，我们终于成了僵硬的提线木偶，在虚伪的繁华中得过且过。

1946年，清华大学的校长梅贻琦的女儿梅祖芳差了两分而落榜清华。同学们劝她找父亲说说，她却摇摇头说："想都不要想，我可知道这个倔老头。"在那个时代，许许多多的社会名流子女，在面对同样的问题时，都坦然面对了落榜现实，没有去请父辈走后门。因为他们知道，他们的父辈把操守名节看得比生命还重要，绝不肯干出苟且之事。我们感念文化先驱们的原则意识，又高声呼吁学校政府能够向他们学习，其中，哪里不是因缺失这种原则概念而感到的惋惜和遗憾呢？

唯有当学校、社会、更多的人拉起手来，筑成一道更加坚实的墙，才能遏止那条巨大而贪婪的贪吃蛇，不被剥夺独立思考的能力和求知求真的追求。

这个社会需要更多真正的学者，更需要对学者精神的保护和发扬。我们呼唤期待着那些辞职的教师归来！

【点评】本文从学校角度评论。文章认为，"学校应当重筑鲜明底线，成为迷茫无知的学生和尽职尽责的教师们的指路灯和保护伞"。学校不趋从家长，坚持教育正道，至关重要。

〖 学生习作 9 〗

不要让正直教师成为教育博弈场中的牺牲品

人大附中　姜博

女教师判抄袭作业零分以作惩戒，这一举措引来家长抗议与社会舆论的众说纷纭。在校方施压下，此事以女教师坚决不改分数、愤然辞职告终。我以为这一事件从多方面折射出现今教育的"病"。

现今的教育"病"了，病在学生不正之风。抄袭之举看似是小事，可实则是剽窃他人劳动成果的不诚信行为。"人无忠信，不可立于世"。学生以急于完成作业为由，将诚信治学的基本原则弃之不顾，也失去了心中的道德律令。再者，若放纵这种不诚信行为肆意生长，那么今天的抄袭者完全可能成为明天的欺诈诓骗以谋利益者，又怎能不对社会构成危害呢？

可幸的是，有这名正直的女教师，如同"为众人抱薪者"般及时出现，以严厉的惩戒，遏止了学生不诚信的苗头，拼力挽救学术界、教育界的不良之风。

然而，严师的努力匡正却在种种外力阻挠下付之一炬。家长非但没能理解教师的良苦用心，反而向学校施压，威逼教师妥协让步。这既是对事实原则的不忠，对学生的不负责任，更是对严师恪守师道尊严的挑衅、威胁，又怎能不让教师寒心？师者，传道受业解惑也，家长在教师传道过程中，本应作为协助者，与良师同舟共济以促学生发展，而今却转为学生不良品行的助纣为虐者，多么可悲！家长进一步与学校管理者及社会舆论共谋，剥夺了教师对学风之"病"的惩戒权。学校庸俗地迎合家长与社会舆论，将矛头对准正直教师，也让清洁的精神蒙羞蒙难。教师已成为教育场域中的孤弱者，或许这才是教育真正的"病"，才是最大的悲剧！

"为众人抱薪者，不可使其冻毙于风雪。为愚昧启蒙者，不可使其困顿于无知。为自由开路者，不可使其陷阻于荆棘。为众人谋生者，不可使其葬于人心。"若善者不得善终，恶者可更恶乎？因此，追求文明的社会断不能或用资本或用强权，寒了严师之心。否则，正如南京彭宇案，伤了扶老者之心，拖了千年中华道德之后腿！

这件事的不良影响绝不止于学术层面。师者不严，学风不正；学风不正，则科研之风不正；科研之风不正，则国风不正；国风不正，则国为人所制，国有危矣！故曰：学风系于师，学风系于国之存亡。学风之正，师风之正，大矣哉！

事实清清楚楚，经纬明明白白。希望各方正视教育问题的症结脉络，正确解决此类问题，特别是维护正直教师的权益。

【点评】本文从综合角度评论。从学生、家长、学校多角度剖析教育之病。明确指出："不要让正直教师成为教育博弈场中的牺牲品。"旗帜鲜明，评析深刻，振聋发聩。本篇是写时评的范文。

四、见多识广——写作有路，善假于文

[展示] 作文题目2：阅读下面材料，按要求作文。

近一段时间以来，多家媒体相继报道了"中国式过马路"的新闻。所谓"中国式过马路"就是行人过路口时，"凑够一拨人就可以走了，和红绿灯无关"。媒体报道后，引发了人们广泛的讨论：

有人说：行人不注意安全，会危害别人，也会危害自己。

有人说：其实红绿灯就在那儿，但是我们很多人就是视而不见。

有人说："中国式过马路"更多的是一种焦躁心态、从众心态。

有人说：归根结底，还是我们的素质不高。提高国民素质太难、太重要。

有人说：这事也不能苛责行人，红灯时间过长、绿灯时间太短也是原因。交通管理者的设计、管理应该更人性化。

有人说：为什么媒体总是以偏概全呢？负面报道不利于传递正能量。

"中国式过马路"现象及其相关讨论引发了你怎样的联想与思考？自选角度、自拟题目，写一篇不少于800字的议论文。

【解题】请重视这道题的命题样式：针对一个话题，或一个事件、一种现象等，展开议论。表现为："有人说……，有人说……，有人说……"或"甲说……，乙说……，丙说……"等。

【思问】这类题如何立意呢？

【讲授】根据所提供的角度，选取其中一个角度或综合两三个角度立意。切记：不可面面俱到。否则，就会笔力疏散。全面涉猎，蜻蜓点水，什么都写，却什么也不深入，是立意行文的大忌。谨记，谨记！

【解题】

（一）有人说：行人不注意安全，会危害别人，也会危害自己。

——谈中国式过马路的危害。

（二）有人说：其实红绿灯就在那儿，但是我们很多人就是视而不见。

——谈无视规则的现象。

（三）有人说："中国式过马路"更多的是一种焦躁心态、从众心态。

——谈焦躁、从众心态。

（四）有人说：归根结底，还是我们的素质不高。提高国民素质太难、太重要。

——谈国民素质。

（五）有人说：这事也不能苛责行人，红灯时间过长、绿灯时间太短也是原因。交通管理者的设计、管理应该更人性化。

——谈优化交通管理。

（六）有人说：为什么媒体总是以偏概全呢？负面报道不利于传递正能量。

——谈媒体报道的公正性和影响。

命题所提供的六个人的议论，各有角度。可根据自己的认识，依据所提供的角度立意，可取一个或综合两三个角度，确立自己的观点。试看例文：

〖学生习作1〗

跟着走

人大附中　李卓婉

大家都走了，那我也跟着走吧。其实谁也没有什么要紧的事，只是别人都走，我不走也太别扭了吧？便宜就在眼前，就跟着走吧。可是，这一跟，跟出的绝不仅是"中国式过马路"。

譬如"中国式扔垃圾"：已经有这么多人扔了，我这一扔也无所谓吧？譬如"中国式逃票"：几人结伙，被抓住也有别人的份。枪打出头鸟，法总不责众吧？于是，他们抱着这样的心态，互相推脱责任，又相互保护，也的确让人难以抓出罪魁祸首。红灯下的一撮人，就这样招摇过市——跟着走，最安全。

然而这"安全"的代价，却是十四亿中国人共同背负的"国民素质下降"的恶名——中国人集体为你的行为买了罚单。于是，什么都变成了"中国式"，仿佛中国人全部都素质低下一样。在外国人眼里，中国人就有了"暴发户"一样来势汹汹的形象，即使是那些每一次都规规矩矩看着红绿灯的人也难逃恶名。所有的人都被扣在"中国式"这个巨大的帽子下面——这就是那些跟着走的人极大的不负责任了：你走了，把责任扔给了中国。就好比：你端着一碗墨汁，往十四亿人头上各泼一滴，于是，整个中国都黑了。

跟着走在人流里，个人的污迹便可以借着社会与时代的河水洗去，难以被察觉，然而，若是整条河都浑了，我们谁也别想干净，"中国式"的行为也就失去了保护色。此时若再随波逐流，等待我们的，也许是一个深渊。

有人说:"道德,规范自己的行为来引领他人而已。"要义在引领,而不是跟随。你站在那里,时间久了,身后便会有一群人等着红绿灯;你跟着走,便将自己和众人一起推向了规则的反面。别总觉得跟着走在人群中间便可以无忧无虑,实际上,你脚下的每一步都是一个重重的砝码,加在规则这架天平的一端。跟着走过一个又一个十字路口,跟着走的队伍越来越庞大,"中国式过马路"越来越成为一种风气,规则意识越来越淡薄。等到有一天,机动车也可以"过马路","中国式"的人们被集体撞倒在马路中央,我们就知道,那一"跟"的后果,有多严重!

有一种败坏的风气,叫跟着走;有一种公德心,叫站立。站在那儿,别动!

【点评】"跟着走",是一种从众心态,其危害大矣。不只危害自己,更是国民素质的表现,有损国家形象。分析由浅入深,入情入理;由个人及群体,由小危及大害。递推论证,此点可学。

〖学生习作2〗

慎众

人大附中　王皖嘉

如果,你独自站在路口,四周杳无人烟,前方红灯闪烁,左右空旷一片,也许你可以忍住,不去越过那条底线。

如果,你四周人潮汹涌,正在一波又一波地闯过红灯,迈向对面呢?

慎独固然是重要的品德,但在人口急剧增加的现代社会中,"慎众"同样是为人不可或缺的品质。慎众,即慎于众人之间,在周遭一群又一群人破坏着规则,违背着道德时,能够坚守自己的操行,给自己留一盏心灵的红灯。

慎众不是特立独行,不是事事求异,而是一种品质,即能够在其他人都去违反规定时独自坚守,能够在众人皆如此时不盲目跟从。从众是群居动物的本能,而慎众者所做的就是克服这种盲目的本能,理智而清醒地选择自己的行动。只有这样,人才能避免陷入群体性的麻木和混乱,才能成长为真正的恪守规则而又有定力的人。

慎众之所以可贵,就是因为在现在从众的潮流中,它可以使人沉心定气、坚持原则。别人做错了事，不代表自己也应该做错；许多人违背了道德，不代表道德准则就会因此改变。多年以前，许衡路过别家梨园，路人纷纷摘梨解渴，只有他不为所动。他说："梨虽无主，我心有主。"这就是慎众的典范。改变的是世道，是众人，而不变的是规则，是自己心里的那盏红灯。所以，慎众者自能远离平庸，做一个独立的人，一个大写的人。

不仅如此，慎众还能使人时时自省，驱驰于规则法律之内，避免许多危机。毕竟，世界上最大的诱惑莫过于"大家都这么做"了，不管是由于惧怕危险，还是求利心切。"我本来没想过，但是大家都这么做了。"这句话多少次出现在报纸上、电视里，出现在审判贪官的法庭上、造假小贩的作坊中，甚至于"小悦悦"事件里，一名路人也表示"我见大家都没有管，也就没有管"。或许，是因为有句老话叫"法不责众"。然而，当人们被这种侥幸心理驱使着违反了法规道德时，就已经为自己和社会铺好了危险的道路。从众，正是坚守者的大敌，诱使着人们不断降低底线；慎众，才能更好地保护自己，提高自己，成为真正对社会有益的人。

慎众是一种品行，更是一种智慧。慎于众人之间，行由本心。慎众者，自得安宁，自得高尚。

如果某一天，我们站在红灯闪烁的路口，身旁人潮涌动着前行，我们应当有一个不同的选择。

【点评】文题"慎众"运用了仿词的修辞方法。相较于"慎独"，用语新奇。具体而深入地阐述了"慎众"的重要性，逻辑严密，析理透彻，举证具实，是一篇思想含量高的文章。甚慰！

〖学生习作3〗

规则不应离我们远去

人大附中 王子豪

何为规则？韩非子云："悬衡而知平，设规而知圆"，东升西落，是太阳运行的规则，冬去春来，是候鸟迁徙的规则。大千世界，是建立在某种规则之上，正因如此，万物才能和谐有序。人类遵守规则，才能促进社会的发展。

然而，在崇尚自由与开放的今天，规则意识遭受嘲讽，心灵的根基成为因循守旧的代名词，"中国式过马路"所暴露出的群体性规则意识缺失为国民敲响了警钟。这类大众习以为常的社会现象，不仅是对自由的曲解，更反映出理性向盲目从众心态屈服的不良趋势。人们急匆匆穿越马路留下的脚印，不是人类进步的历程，而是心灵麻木的表现。最大的灾难是规则灾难，最大的废墟是心灵废墟。

当生活中个别的不良现象发展成为集体行为时，法不责众的心态便在与规则意识的斗争中占据了上风。我们的社会并非没有规则，无论是公交车站提示排队等候的标志，还是医院病房一个大大的"静"字，都体现了规则的存在感。但正如张居正所说："天下之事，不难于立法，而难于法之必行。"几乎人人都知道规则，但却觉得个人的行为无关痛痒，于是，遵守规则成为笑谈，白纸黑字沦为一纸空文。须知每一个个体都可能在潜移默化中对他人产生影响，久而久之，甚至会成为一个民族的风气。如果心灵的根基不再稳固，无论上面建筑多么完整美好，都有随时坍塌的风险。

一个让人敬畏的民族是一个懂得规则重要性的民族，在个人利益与个别现象之后，唯有规则才是永恒的。历史记住了二战快结束时几乎处于无政府状态而又经历极寒天气的德国人，他们画圈为记，标出劣质树，以便市民上山砍树作为燃料，最后，没有一个人乱砍滥伐。战后德国经济能迅速发展，这里面也有遵守规则的功劳。

中国与发达国家的差距，现在已不再是经济实力的问题，我们更欠缺的是国民素质的提升。个人之高贵，不患财之不足，而患心之不固；国家之兴旺，不患楼之不高，而患法之不遵。在整个社会头脑发热的情况下，我们更应站出来，不要因他人的不解与嘲笑而退缩，大声地喊出："这是红灯，我们不能过！"无视规则之风可以传播，而规则意识回归的呼声同样可以扩散，汇聚成巨大的正能量，传播到理性的阳光不曾照到的路口，传递给每一个或许正处在麻木中的灵魂。

规则不会离我们远去，也不该离我们远去。我们的生活需要规则，我们的国家更不能没有规则。毕竟，没有规矩，不成方圆。

【点评】本文从"规则"角度评论。强调规则对于社会生活秩序的价值意义，"中国式过马路"现象又牵及国民素质问题，这就更值得重视了。习作思路清晰，承转开合，中规中矩，是成功的习作。

〖学生习作4〗

规矩成就方圆

人大附中　袁帅

繁华的大街上，车水马龙，熙熙攘攘，不论灯绿灯红，该行该停，各个方向皆是人流穿梭，司机叫苦连天。这便是所谓"中国式过马路"。然而，我的中国人，你忘了吗？那句响当当的"没有规矩，不成方圆"是我们的老祖宗说出来的。

美国朋友初来中国，我问他的印象，他说："饭很好吃，人很热情，就是有些乱。"这一个"乱"字，说得我羞愧不已。是的，美国的街道上红绿灯只出现在重要的路口，司机开车，却永远让行人先走，行人也规规矩矩过马路。只交通事故这一项，中国每年就死掉六万余人，试问：这"中国式过马路"，是不是害命的元凶？

不仅过马路，生活的方方面面都需要规矩，家有家规，行有行规。德国人向来以规矩严明著称，雷曼兄弟破产前一个小时，德国一家公司向其账户内如约打进了注定有去无回的十亿美金欠款。自然有人质疑：这不是太傻了吗？德国人却说，我们签了合同，规定这个时候还钱，这是行规。我敬佩这些德国人，因为他们守规矩。

什么是傻？什么是聪明？"看到大家都闯红灯了，没什么问题，不过白不过""反正法不责众嘛"……这样随意的话语，出自国人之口，这样不负责任的想法正是"乱"字的源头。闯个红灯，把垃圾从楼上抛下，这些"不违法、小违规"的小聪明，一点一点侵蚀着我们的道德观与羞耻之心，而国人沉浸于"破坏了规矩，却没有被抓到"的沾沾自喜中，完全忘记了规则的制定又保护了谁。

世界上的法规文化，更多地形成于工业革命时期。而中国作为世界第一人口大国，对这些"小违规"的治理似乎难于上青天。然而，作为民众，首先从我做起，强化规矩意识，花费一点点心力克服从众侥幸的心态，对我们来说其实并非难事。对于政府来说，要加强公众管理，提升其人性化程度，同时制定措施使破坏规矩者承担后果。孔子说："不义而富且贵，于我如浮云。"中华古代精神文化的精华时时刻刻都在我们手中的圣贤书上闪着光，等待着我们去理解、牢记与践行。

有时，适时地放弃功利的想法，做一个守规矩且问心无愧的"傻子"，会让这个世界因为你而增添多一份美丽。实际上，这样做的"傻子"就接近了古人称道的"君子"。

而作为一个民族，中国人需要规矩，更需要守规矩。这样，才能变成一个"美"的民族，一个称雄于世界、受人尊敬的民族。

【点评】此篇文章颇有特色，语言表达自然，没有模式化痕迹。有文学的味道和文化的色彩。行文起承转合，又不落窠臼。文贵自然，此文为上品。

〖学生习作5〗

"高危便宜"何必占

人大附中　董姝辰

在中国，在没有交通协管员摇旗呐喊的路口，红绿灯的存在常常是尴尬的。在路口凑上几个人，心照不宣地相互撑腰，浩浩荡荡地踏着鸣笛声去灭红灯的威风。"中国式过马路"，国人占的就是一种典型的"高危便宜"。

占便宜的心理，从某种意义上讲，是大多数不文明行为的源头。在卢浮宫水池中泡脚，在马尔代夫潜水时带走水底的珊瑚，在卢克索神庙的浮雕上刻下"到此一游"……仅因眼前极小的私利，就让完整的"大物"添一个"疮疤"。这个"大物"，或许是公共财物，或许是公共秩序。因为有占一个小便宜的机会，那么，"公共财物受点损害，公共秩序稍被扰乱，也没什么大不了吧"。

当社会中的规则越来越多时，无风险的便宜也就越来越不好占，于是，占"高危便宜"的行为开始出现。近些年来，类似"中国式过马路"的用生命占便宜的行为渐渐风行，从一种被媒体揪出的现象，渐渐演变为一种媒体都报道不及的变质的文化、病态的时尚。先是迎着红灯横穿马路的行人，再是徒手攀爬二十多米高城墙的老太，又是借助被栅栏一分为二的自来水井，钻进钻出，逃得一票的年轻人。多数人对于这种行为的态度是漠然甚至麻木的，因为早已司空见惯，习以为常。人们甚至接受、认可了这种本身性质恶劣并可能带来灾难的做法。于是，在从众心理的驱使下，越来越多的人可能加入到占"高危便宜"的行列中来。这种"爱好"于是开始在中国社会的各个角落潜滋暗长，并最终以一种集体行为的姿态大行于世。

可是，占"高危便宜"究竟占到了什么便宜，又付出了怎样的代价？所有人都该承认，占到的便宜是微乎其微，甚至根本算不上是"便宜"的，而付出的代价却大得骇人。于个人，一个红灯的时间能有多久，竟能用失去余下的所有时间的风险来交换？一张门票要花多少钱，竟用金山银山都买不回的生命作抵押？于社会，当人们看到关于"中国式过马路"的报道啧啧叹息时，是否想过，自己曾是其中的一员？当人们抱怨社会秩序混乱、国民素质低下时，是否想过自己的砝码添在了社会天平上的哪一端？

"高危便宜"之所以渐长不衰，责任不在社会，而在个人。许多人怀着侥幸心理，认为出事的概率如此小，不必杞人忧天；自己占一点便宜，也谈不上于社会于国家有多大危害。况且有人在占便宜，自己若不占便等于吃亏。由于这种心态，对于占"高危便宜"的行为媒体频频报道却越报越多，政府再三强调也无济于事。这种危险的心态应当立即改变，不要当惩罚真正降临到身边的人甚至自己身上时，才终于懂得，"高危便宜"不仅不便宜，反而极其昂贵；更不要当社会秩序混乱不堪，悲剧接连发生的时候，才明白一个人的影响有多大，明白雷峰塔倒掉的原因。

占"高危便宜"实在得不偿失。由此看来，最好的选择莫过于遵守规则，换来身安心安，也换来社会秩序的稳定。

【点评】本文从"中国式过马路"的危害这一角度评论。作者指出：这是"高危便宜"。"便宜"的是小利，高危是大害。大害在于个人安全、社会秩序。进而对占"高危便宜"的心理分析得细致入微，危害后果揭示得形象具体。如此，我们便明白了雷峰塔倒掉的原因。此文可列入范文品级，甚好！

甚慰！

[展示] 作文题目3：阅读下面材料，按要求作文。

近日，山东省发行了以孔子为主题的福利彩票。该彩票选用儒家经典著作《论语》中的八句名言作为奖符，对应彩票的八个奖级，是中国第一款以孔子和儒家文化为主题的即开型彩票。

对此，你有何看法或感受？请自选角度，自拟题目，写一篇不少于800字的时评文章。

【解题】关于发行的以孔子为主题的福利彩票，或赞成或反对，能自圆其说，论证使人信服即可，主要看论证水平。试看例文：

〖学生习作1〗

架起文化之桥

人大附中　郭文硕

学者周濂说："人类就像是行走在高速公路上的石器时代人"，似乎是的。我们在物质生活中奔跑得太快，而将那满溢墨香的传统文化冷落在了世界的另一个角落。但是，当《论语》中的名言成为彩票的奖符，我看到，传统文化正在通过一座精心建筑的文化之桥，从那个小小的孤岛走进我们的生活。

彩票本是商业化的产物，盈利的工具。但当其融入了传统文化的元素，它便成为了文化之桥的一部分。这是一座沟通古与今、传统与现代的桥梁。它将远古的书卷之气与先哲的智慧之光融入了我们匆忙的生活。它让传统文化的"源头活水"流淌于当下，让其在现代社会中得到宣传、继承、发扬。更重要的是，因为这座桥，我们的生活开始有了文化的气息，那冰冷的键盘开始有了暖人的温度与触感，那枯燥的数字开始有了历史的厚重与沧桑。

于是，全球最大中文搜索引擎百度与著名学术网站国学网联手打造"国学频道"，以互联网为媒介传播国学的价值与意义；地铁通道的两侧不再充斥花花绿绿的商家广告，而是一幅幅墨香沁人的说文解字科普图，匆匆而过之时亦可重习"负"字的由来、"耘"字背后的故事；手机的设计融入了青花瓷的元素，加入中国民乐的流行音乐受到大众的传唱与好评……这些传统文化就应该这样，被我们像珍宝一样保护，顺着商业化的潮水，巧妙地融入我们物质化的生活。这不仅是对传统文化的呼唤，也是对传统文化的宣传，更是对步履匆匆的人们的提醒，让人们时时刻刻感受到传统文化的存在与力量，感受到双肩所担负的华夏儿女义不容辞的使命感与责任感。这便是文化之桥的价值所在。

文化研究者李河在采访中指出，把传统文化供在庙里是没有意义的。要传播传统文化，就必须使它深入现代生活。传统文化不是一节脱节的车厢，与我们高速发展的生活渐行渐远。它更不是一座孤岛，孤立于商业化的潮水之中。它完全可以和物质化、商业化完美地融合，甚至借助它们的力量，在现代的社会里继续闪烁光芒，绽放出绚烂的花朵。无论我们走得多远，传统文化都不应该也不会被我们抛在后面，因为它永远是我们不可割舍的精神生命，是现代社会永远不可割裂的根基。

齐鲁大地上，以孔子为主题的彩票开始发行……但我更希望，方兴未艾的文化之桥不会只沦为形式与炒作对象。文化之桥的使命在于宣传、发扬，在于唤醒人们对传统文化的渴望。这桥的另一端不是彩票，而是人心。

架起文化之桥，引来源头清泉。但愿这桥能一直架到人们的心灵深处。

【点评】本文赞成发行以孔子为主题的福利彩票。这种做法，"将远古的书卷之气与先哲的智慧之光融入了我们匆忙的生活"，有利于文化传承。由彩票到地铁通道两侧宣传语、手机设计等，架起文化之桥，有利于文化传承，深入人心。顺理成章，有理有据，是成功的习作。

〖学生习作2〗

有孔子自彩票来，不亦乐乎？

人大附中　傅小勇

有孔子自彩票来，不亦乐乎？山东省将儒家文化的内核与现代鲜活的彩票形式有机结合，普及优秀传统文化，值得推许。

康德在《道德形而上学奠基》中指出，精神性的文化"作为一颗独立发光的宝石，是自身就具有其全部价值的东西"。在这个比喻中，他将文化的形式比作"镶嵌"，以"向'够不上行家的人'显现其珍贵性，却并不借以损抑或规定其价值"。现在社会中总有人认为传统文化传播的形式马虎不得、活泼不得，仿佛现代元素的外壳会从根本上冲淡传统文化的光亮。但康德告诉他们，文化的光亮是内在的光亮，是"内在价值"，无法由外在形式规定。山东省借福利彩票形式普及传统文化之所以符合内在规律，就在于它将传统文化加以"镶嵌"，向大众，向那些"够不上行家的人"，向不能自身充分体悟其价值的人，以一种"不损抑其内在价值"的方式加以普及，让更多的人沐浴到儒家文化的光芒。

文化如水，随物赋形。真正的价值内核只会因更贴近时代、贴近生活而更具其意义。以美国文化传播学家波兹曼为首的现代形式"诅咒者"认为，一旦文化不以传统庄重的形式出现，就趋于灭亡。这种想法的弊端在于没有注意到文化的"超越性"。"超越性"的实质是永恒性。荷兰哲学家斯宾诺莎说："一旦理性认识到永恒性，它就成了永恒的一部分。"优秀传统文化的核心在于从精神上扩充人的有限性。而只能依附于庄重、传统形式的文化是表面的，因为它不超越，不永恒。儒家传统文化是内化到中国人血液里的文化，是中国人的文化基因，在任何时候都能借助但不依赖形式而独存。它超越的是形式、是时代，它永恒的是质料、是内容。如果以一双认识到永恒性并作为永恒一部分的眼睛透过形式的迷雾凝视传统文化，就会发现波兹曼的诅咒、赫胥黎的担忧，认为彩票形式承载不住儒学重量的忧虑，都是杞人忧天。

我们推许山东省以孔子为主题的福利彩票，本质上是鼓励不局限于形式框架、不拘泥于外壳束缚的传统文化传播方式。因为鼓励这种行为方式，即是倡导一种灵活借助鲜活形式传播传统文化的风气。我不否认单单发行孔子福利彩票对文化普及影响甚微，但若对其加以鼓励，使借助新形式传播优秀传统文化的现象蔚然成风，就是一种可观的力量，作为"反潮流的潮流引导者"，具有极强的现实意义。

有孔子自彩票来，不亦乐乎？

让传统文化走进现实生活，不亦悦乎？

【点评】本文赞成发行以孔子为主题的福利彩票。此生读了一些西方哲学著作，如康德、亚里士多德、尼采等哲学家的作品。在我的印象里，他的作文往往引用其中的原理或名句进行论证，增强哲学思辨意味和说服能力。更可贵的是，能够借助哲学道理，分析具体事物，剖析具体问题，这就是写作高手的本领了。另外，语言生动形象，如开头和结尾，表达很有特点，亦是文章亮点。甚慰！

〔学生习作3〕

庙堂之高与市井之中

人大附中　高妙佳

高居庙堂之上的文化只有经历了来到民众之中，也就是大众化、社会化的过程，才可以得到更好的传承和发展。

一张彩票与一句《论语》名言，这一"下"一"高"，一俗一雅的结合，它的作用或许不会很大，最多不过让人们记住了几句看起来颇为晦涩难懂的话语，或是在匆忙的生活中体会到一点其中的道理。但是，我们可以想象，有人会因为这些印象，开始阅读儒家经典，甚至接触许多传统文化书籍。然后，这些印象如种子一般在许多人心中生根、发芽，荫护了经典，传承了文化。不能说没有这种可能。

历史一直在告诉我们，没有经历大众化、社会化的文化是不能长久传承的。占卜之术只为巫师所知，所以巫文化只留下零星痕迹；拉丁语逐渐走向贵族化，所以它最终也只停留在了书页里。

文化的意义在于传承，而不在于摆出高高在上的姿态冷眼看世俗。恰恰相反，居于庙堂之高的文化处在市井之中，并不是自降身价，而是一种对自身和对民族国家负责的态度和精神。真正的传统文化经典从来不是以降尊纤贵的方式驾临人间的，它需要深入人们的心里，潜移默化地感染人们。星星之火，可以燎原，只要一个人心中的那盏灯亮起了，不论是源于一张彩票还是一张奖券，都会为更多人开启传统文化的大门。如此日积月累，聚沙成塔，加之相互之间的交流,"市井江湖"中常见孔孟经典也便指日可待。那么,我们便有理由相信,以这个社会的传承与力量,滴水终将成溪,河流终汇为海,中华文化定可长在长存,永世不衰。

春秋的学术下移和百家争鸣成就了我国绵延千年的传统文化;诗的市民化成就了历代传唱不绝的词曲。纵观世界,从前作为工人的语言的英语,成为现在人们沟通和交流的桥梁;广纳民间话语的《万叶集》,在日本久久回响。这些都是平民化的文化可以长久传承的有力佐证。

文化的内涵与精神可以高居庙堂,但其姿态却需要低至市井,低至人们的生活中。然后,人们便知道了,那庙堂不是遥不可及的地方,文化的社会化为我们铺就了朝拜的路。这样一来,便会有更多人走近传统文化、感受传统文化,并最终自觉自愿地传承它。专业学者终究是少数的,因而他们的力量也十分有限。可是会有许多人购买那小小的彩票。如此看来,处于市井中许多人手里的小纸片便具有了巨大的潜力和意义。

神居庙堂之高而形处市井之中,我想这便是传承传统文化的正确态度与方法。

【点评】本文赞成发行以孔子为主题的福利彩票。"高居庙堂之上的文化只有经历了来到民众之中,也就是大众化、社会化的过程,才可以得到更好的传承和发展。"此理畅达。习作对此理分析具体深入,值得效法。

〖学生习作4〗

拒绝文化的标签

人大附中　周壮壮

山东省把《论语》中的名言摘出作为彩票的奖符,似乎如此这般便可让一张张纸片具有了别具一格的文化气息,再加上山东是孔子故里,这一举措或许能名利双收。

而我认为,这种把传统文化标签式地贴在商品上加以贩卖的行为无异于焚琴煮鹤,我们应该拒绝这样的"文化标签"。

山东省或许还以为这一举措可以彰显该省的文化底蕴,而事实上,把儒家经典和彩票不分青红皂白地杂糅在一起恰恰体现了他们的无知。儒家精神是什么？是颜回"一箪食，一瓢饮，居陋巷，人不堪其忧，回也不改其乐"，是孔丘"不义而富且贵，于我如浮云"。重义轻利的思想贯穿儒家经典始终，把这样的一家学说与承载着无数"彩民"一夜暴富的梦想的彩票生意联系在一起，真可谓是其谬大矣。当彩民们满怀希冀地盯着开奖消息，希望天上掉馅饼的时候，他们又怎能理解他们手中所握着的纸片上的言语，所承载的儒家的"入世"与"担当"。

归根结底，山东省的这种做法源于缺乏对传统经典的深刻认识，而只是流于表面，拿来就用，把文化"标签化"，当作一张张光鲜的标签，随手贴在各处。这样的"文化标签"对保存与发扬民族文化毫无益处可言。改革开放以来，西方文明以强势的姿态渗入我们足下的这片土地，我们的确应该树起自己民族文化的旗帜，普及民族文化。但这并不意味着我们应该把传统文化肢解后简单化、粗浅化，空留一个外壳，而对其中最具价值的精神内核置之不顾。

我们看到《论语》在百家讲坛上被煲成一锅心灵鸡汤呈递上来，儒家的人格理想被粉饰得面目全非。我们看到《明朝那些事儿》把修得有一股内在的凛然正气的明史化作笑谈。这并不是将文化通俗化，而只是粗浅化，经这样改造的文化已是"形与质俱变"，不值一钱。把墨翟、孔丘搬上大银幕，拍一部充斥着打打杀杀的商业大片，于是有了《墨攻》《孔子》两部卖座的影片。而"兼爱""非攻""兼济天下"的人格理想，便只能在一片喧闹声中如泡沫般破碎、消失。

这种"文化标签"现象是值得我们警惕的，我们的民族传统文化不应沦为一张张标签，我们应该去理解这些言语所承载的理想与信条，这是中华民族所共有的民族记忆，我们不能就这样让它在我们自己的手中逐渐消失，在所谓的"通俗化"浪潮中被冲刷无形，一个没有文化的民族是可悲的。我们应该深入民族记忆的深处，去真正理解我们的民族文化，让它永远站立在时间的深度里。

让我们拒绝"文化标签"！

【点评】本文反对发行以孔子为主题的福利彩票。认为此举是将传统文化简单化、粗浅化、标签化，亦不无道理。言辞恳切，立场鲜明，是少年壮语。

〖学生习作5〗

文化岂容"刮刮乐"

人大附中　武天骥

山东有彩票发行并无新奇，新奇的是这彩票以孔子为主题，以名言为奖符。尚且不论主办方真正动机为何，但就效果而言，传统文化万不可仅靠这等商业运作来延续香火。

可能有人觉得此彩票以孔子为主题，不正能帮助儒学传播吗？我对此不敢苟同。文化传承固然势在必行，但传承若不注重思想内涵而只是挂个名字贴俩标语，便会让传统文化的精华丧失殆尽。想昔日孔子不辞劳苦周游列国，全力游说诸侯以仁政救天下，留下脚踏实地、奋斗进取、仁德忧民的光辉形象。看如今"福利"彩票常不知用于谁的"福利"，且买者基本不为天下苍生，而是渴望不费吹灰之力，单凭运气便让自己腰缠万贯。这般寡德少仁，充斥着急功近利、不劳而获之气息的俗物却以孔子为"主题"，并负有"传承儒学"的伟大使命，无疑是沐猴而冠，不知能传承儒学何种文化、孔子何种思想。

又有人说，印上名言可以加深人们对文化的印象。是这样吗？我对此颇为怀疑。大多数彩民眼里的彩票，其根本用途也往往是让他们获利。可惜那几句名言不过是能让他们赚钱的符号罢了，对上有奖，对不上便什么都不是，奖票也可揉上一揉，以优美的抛物线飞入装满"孔子名言"的垃圾箱。这样一来，便不会有人驻足细读《论语》之珠玑，一如你抽烟不品烟盒上的警句，喝酒不悟酒瓶上的诗词，擦脸不赏毛巾上的国画。读都没读，内容自不会过脑，硬说有人加深了印象，那也许是战斗在一线的清洁工人吧。

其实，何止是彩票，文化传承不是任何商业所能轻易负担的，若只是餐馆卖东坡肉、五柳酒等名人饮食，伟大的文人志士会褪变成酒囊饭袋而被人遗忘；若开办武术学校只是打着"少林武当"的旗号赚钱，精深的武学功夫就会沦落为花拳绣腿而流于平庸；若只是在古城旧都画一条又一条旅游路线，柔美的黑瓦白墙会因充满铜臭味而失其韵味……文化是人类长期实践的产物，优秀的传统文化更是其中经历过历史的淘洗所保留下来的精粹，其博大精深往往令人穷尽一生亦不能完全得其奥义。而商业要听从利益调度，要在短时间内出效果，得钱得名，至于其他均是次要。以短浅物质承载深厚精神，无异于以箪石瓢饮尽东海之水，举天下之力也绝难完成。由此观之，文化传承不该单凭商业运作。

商业运作本无过，优秀文化当传承，用正确手段做正确之事才是关键。令文化告别孔方兄，让文化回归本真，以中正之法才能"为往圣继绝学，为万世开太平"。

【点评】本文反对发行以孔子为主题的福利彩票。此生有辩论才能，语言有锋芒，读文便能感知。将辩论、演说思维和表达适度引入议论文写作中，会使文章增色。此为一法。

〖学生习作6〗

"融合"而非"混合"

人大附中 梁端玉

彩票是否因为以儒家文化为主题就增加传统文化价值呢？回答是否定的。儒家文化是否因为被印在彩票上就增加了现代价值呢？回答也是否定的。

或许设计者的出发点是好的，想要实现一种传统与现代的融合。可惜，它只做到了"混合"，一字之差。儒家文化只是被硬生生地印在彩票上，而彩票也只是被戴上了儒家文化的帽子，这只能称得上是形式上的勉强混合，与文化真正的融合相差甚远。

"混合"是一种表面现象，是两种事物形式上的合并，仅呈现出简单的加和。而"融合"则不同，它是两件事物在本质上有着密切的联系，相辅相成，从而产生一种和谐之美。传统与现代的结合，不应停留于形式上的并存，更应是精神上的相互渗透与共同发展。

很多时候，我们混淆了"融合"与"混合"的概念，将传统与现代简单混合，然后贴上融合的标签，沾沾自喜。北京后海的酒吧街，曾被称作传统与现代的完美融合。然而，实际上，酒吧的噪声取代了四合院的宁静，水面上的反射光打破了荷花池的静谧。同时，酒吧街也因为受到后海的地域限制得不到很好的发展。由此看来，勉强混合不如不合。当我们将传统与现代勉强生硬地放在一起，只是做到了表面上的并存，然而两者实质上却背道而驰，这样的"和"有什么意义呢？

"融合"是麒麟，集传统文化与现代文化的精髓于一体；"混合"是"大拼盘""四不像"，令人啼笑皆非。"融合"是将现代的种子埋入传统文化的沃土中，能长出参天大树；而"混合"则是将水泼在火伤上，两败俱伤。"和谐"，是传统与现代的元素有着精神上的相通之处，而我们通过这座桥梁将它们连接起来。

这是一个碳酸饮料与茶水并存的时代，一个高山流水与市井小曲并存的时代，一个摩天大楼与四合院并存的时代。我们游走在传统文化与现代文明的两极之间，渴望找到一条两全之道。然而，如林语堂先生所说，中国人"所复的是最迂腐的古，所维的是最皮毛的新"。我们寻求的两全之道，仅仅是停留在追求一种表面上的混合，却从未触及更深的融合层面。一百年前，我们在马褂外套上了西装，用马匹拉起了铁皮的火车，也试图用先进的技术维护迂腐的旧制度。而今天，我们将孔子印在了彩票上，为孟子打上了领带，给杜甫配上了飞机大炮。一次次的勉强混合，实在是可笑。我们总是在追求一个"合"的形式，错误的出发点使我们在抬腿的时候就错了。

我们需要将传统文化与现代文明融合，使现代文明得以从传统文化的沃土中不断汲取养分，也使传统文化展现出时代的特征。

我们需要的是"融合"，而非"混合"，这才是"和"。

【点评】本文反对发行以孔子为主题的福利彩票。文章认为这是"混合"不是"融合"，不无道理。概念阐释清晰，分析鞭辟入里，为本文一大亮点。甚好！

【大结】时事评论，评论时事也。以第一章"起承转合"为本，这一讲提供的时事评论的一般思路结构，可作"起承转合"的变式解，是另一种表现形式。实际上，"起承转合"就是个套子，行文时可随机应变，而万变不离"有理有据"之宗。

板书提要

第六讲　时事评论类写法讲析

一、命题特点

时事评论者，评论时事也

二、审题立意

审题：用辩证唯物主义的立场、原则和方法进行分析

立意：立场鲜明，或赞成，或反对，或辩证分析，一分为二

三、行文表达

起：引述时事　提出论点

承：议论时事　深入分析

（揭示本质——或揭示危害、后果；或阐述价值、意义）

转：由事及类　广泛论证

合：结束全篇

第七讲

人生事理类写法讲析

【导语】"无限风光在险峰"。这一回写作训练，我们讲人生事理类议论文的写法。

一、命题特点

【思问】人生事理类议论文有什么特点？

【讲授】顾名思义。人生事理类议论文，即针对人们在学习、工作、生活中的事情、道理发表议论的文章，用以指导人们的思想和行为。

📝【板书】特点：针对人们生存、生活中的事情、道理发表议论

二、审题立意

【思问】如何审题立意呢？

【讲授】人类社会中，世事纷繁，情理万千。真善美、假恶丑，对立并存。需辨真假，正善恶，析美丑，进而明理传道，授业解惑，以澄清思想，指明方向。"风声雨声读书声，声声入耳；家事国事天下事，事事关心。"议论文关乎修身、齐家、治国、平天下，正应当格物致知，诚意正心，修养身心，齐家进业，治国利民。

📝【板书】审题：辨真假　正善恶　析美丑
立意：明理传道　授业解惑　格物致知　诚意正心　修齐治平

【讲授】人生事理类议论文，关涉范围很广，无法一一列举，特选取几个典型题目，解题构思，提供例文，以开阔视野，丰富积累，效仿致用。

三、行文表达

【过渡】空说多虚泛。试举例解析。

[展示]（海淀模考）作文题目1：阅读下面材料，按要求作文。

子曰"绘事后素"，意思是先有白色的底子，才能在上面作画。油画创作中，第一层着色被称为底色，底色会影响整幅画的色调。其实，一个人具有或选择怎样的底色，与他的人生发展密切相关。

请以"谈底色"为题，写一篇议论文。要求：观点明确，论证合理。

【解题】孔子说"绘事后素"，意思是先有白色的底子，才能在上面作画。

出处：子夏问曰："巧笑倩兮，美目盼兮，素以为绚兮，何谓也？"子曰："绘事后素。"曰："礼后乎？"子曰："起予者商也，始可与言《诗》已矣。"（《论语·八佾》）

释为：子夏问道："巧笑倩丽，美目顾盼，在白绢上着上绚丽的色彩，这是什么意思呢？"孔子说："先以白色打底，再上颜色。"子夏说："要以礼为后盾吗？"孔子说："商啊，启发我的是你呀！能开始和你谈《诗》了。"

朱熹这样解释："《考工记》曰：'绘画之事后素功。'谓先以粉地为质，而后施五彩，犹人有美质，然后可加文饰。"

"底色"，即底子的颜色。具有前提、基础性，对未来发展影响较大，用于比喻。实际上，一个人拥有怎样的人生底色，对他的人生发展有深远重大的影响。可喻指人的"三观"——人生观、价值观和世界观。

"绘事后素"，"先有……才能……"，在"底色与人生"的关系中，对"底色的意义、作用和价值"进行合理充分的分析论证。此为要。

〖学生习作1〗

谈底色

人大附中　罗孟昕

子曰："绘事后素。"在绘画开始前选择什么样的底色，画作就会呈现什么样的色调。同理可言，在生活伊始，为人生选择了什么样的底色，就会绘就什么样的人生。

居里夫人为自己选择的底色是放射性理论的蓝色。年轻的玛丽·居里并不知道她有一天将登上诺贝尔奖的领奖台，也不知道镭是何方神圣。但对于科学的热爱和对人生真正价值的追求让她投身于科学的事业中。化学药剂腐蚀了她的双手，放射性物质损害着她的身体，但这个美丽而勇敢的女子从未感到恐惧，因为她知道：这个世界上有比美貌更耀眼的东西。沿着她年轻时选择的底色铺就的道路，她发现了闪着神秘蓝紫色光芒的镭。

马克思为自己选择的底色是共产主义的红。早在十七岁时，他就在自己论青年职业选择的文章中写道："如果我们选择了最能为人类福利而劳动的职业，那么，重担就不能把我们压倒……那时我们所感受到的就不是可怜的、有限的、自私的乐趣……""我们的事业将默默地、但是永恒发挥作用地存在下去"。即使遭到普鲁士政府的屡次打压与驱逐，经受保守势力的排挤，他也从未怀疑过自己的信仰。沿着红色铺就的道路，《共产党宣言》横空出世。面对他的骨灰，高尚的人们洒下热泪。

有些人止于形，以售其貌；有些人止于力，而彰其勇；有些人止于心，而用其技；有些人达其理，遂奋斗终生。有人选择了圣洁的白，于是一生为身处贫穷、战乱中的人们奔波祈祷；有人选择了深邃的黑，于是投身于探寻宇宙之浩渺、世事之无常；也有人选择了混沌的灰，成了随波逐流、饣糟啜醨的混世者。沿着青年时为生命之路铺就的颜色，每个人都将走向命定的彼岸。这看似宿命论的规律自有它暗含着的科学原理——你曾为自己选择的生命底色，是青年时的你看得多远、想得多深、意志多坚定最好的展现和证明。青年者，人生之王、人生之春、人生之华也。只有青年时的理想与信念，能支撑住一个人拼搏的一生。

人生的底色并非简单的蓝或红可以描绘。自有选择了科学事业的青年人投身于战争机器的制造，为法西斯或恐怖主义服务；也自有共产主义者主张温和的改革，转而投入资本主义的怀抱。人生的底色更多的是一份信仰与信念，一种坚定与坚守，是秉持崇高的价值判断与价值选择。康德说："世上唯有两样东西能让我的心灵感到深深的震撼：我头上的星空，和我内心的道德法则。"或许，对未知的探寻、对已知的秉持，星空与道德，就是人生最好的底色。

大音希声，大道无形，大智之人，不耽于形，不溺于勇，不恃于技。未必是他们早已跳脱出了社会运行的准则，看破了人情的变迁、历史的轮转，也许只是青年时为自己选择的底色，让他们坚定了旅途的终点，因而不为中途的风景所引诱，成功抵达了彼岸。一位诗人说："当时她还很年轻，不知命运所有的馈赠，早已在暗中标明了价码。"或许我们也可以说，青年时选择的底色，早在暗地里决定了你的人生。

为人生选择纯正的底色吧！

【点评】本文思路结构：起：简洁入题——"为人生选择了什么样的底色，就会绘就什么样的人生"。承：以居里夫人、马克思为例，证明论点。转：阐述底色决定人生风貌，并说明其于人生的作用和意义。合：号召性结尾。此文与欧阳修《五代史伶官传序》章法相同。

〖学生习作2〗

谈底色

人大附中　李续双

翻开新中国国史，扑入眼帘的是一派夺目的赤色："未惜头颅新故国，甘将热血沃中华"的从容慷慨，"血沃中原肥劲草，寒凝大地发春华"的前仆后继，还有"一腔热血勤珍重，洒去犹能化碧涛"的义无反顾……正是革命前辈们心中这一层永不褪色的鲜红，才有了当今华夏的国泰民安。

底色之于人的一生，起到不可替代的奠基作用。底色既不是作画前的信笔涂鸦，也不是画成后边边角角的点缀修饰，而是一幅画主题风格的奠基者与整体色调的决定者。对于人，底色是魂魄，是骨髓，是胎儿体内的DNA。以耿耿爱国情为人生打下不渝的赤色，这个人便会因深情而厚重、因责任而坚强。因此，自然而然地，他便与简笔勾勒出的"漫画式"浅薄人生永远划清界线。同时，底色的纯粹性与永续性又将持续地激励这个人砥砺自我、不断进步，成长为"本固任从枝叶动"的擎天巨木。所谓"为中华之崛起而读书"，其底色是五星红旗的炽烈忠纯，其过程是"源头活水"的学习进步，其结果是人民事业的与世长存。如此成长出来的人才，不仅能穿越寂寞的瀚海，实现自身发展的最大化，更能刺破如磐的黑暗，成长为民族的栋梁、国家的希望。

"我们虽然年纪小，但我们要去打仗。我们要上前线去救中国。"20世纪30年代，清凉村的欧兴田、潘志刚等九位少年发出这样的声音。他们没有被如晦风雨浇灭抗争的热情，没有在哀鸿遍地、饿殍遍野的局势下陷入灰色的绝望。其中原因，在于他们身后那一抹爱国的赤色，像烈焰与朝霞般照彻黑暗、照明前路与远方。

传承了近千年的吴越钱氏家族每逢新生儿降生，全家须齐颂《钱氏家训》。"利在一身勿谋也，利在天下者必谋之；利在一时固谋也，利在万世者更谋之。"于是，每个钱氏子孙一进入人世便有一股家国情打底。它浓而不化，明而不艳。所以，我们看到南渡北归、写就《国史大纲》的钱穆，看到抛却异国富贵回国奉献的钱学森，看到排除万难、"将祖国的需要作为自己专业"的钱伟长……中华文明源远流长、绵延不绝，难道只是因为地大物博、人口众多吗？当我们听见"男儿到死心如铁，看试手，补天裂"的千古绝唱，忆起"爝火燃回春浩浩，烘炉照破夜沉沉"的家国担当，我们就会知道，中华文明的长寿绝非偶然。它的背后，原来竟是这样一抹不可转移、无法磨灭的鲜红。

当下，许多年轻人逐渐将自身与"家国""民族"这样崇高的概念分离开来，沉浮于莫名的惆怅与哀怨中。"咀嚼一己小小的悲欢，并视之为大世界"，这是不足取的。因为"你所站立的地方，正是你的中国"，你若阴暗，中国又何来光明？

【点评】本文思路结构：起：从新中国国史入手，引入革命前辈的赤色精神。承：阐明道理，分析底色之于人生的奠基作用。转：联系实际，以清凉村九位少年和钱氏三杰为典型事例，证明人生底色的作用。合：唤起年轻人的使命感和责任感。此文为范文品级。

〖学生习作3〗

谈底色

人大附中　程嘉雯

一个人的人生底色，为其人生的发展奠定了基础；一个时代的社会基石，为这个社会的前途走向奠定了方向。在中国，传统知识分子的人生底色，绘就了中华五千年繁荣而光辉的历史。

两千多年前的中华大地正逢乱世，王室衰微，诸侯混战，硝烟四起，礼崩乐坏。孔子出而为当世立太平之学，以仁为本，仁礼相结合，方可归于尧舜之世，还社会以安宁和乐。在这过程中形成并不断完善发展的以孔子思想为核心的儒家学说，至西汉而成为官方正统，成为百姓开蒙的一抹底色，亦成为士人叩响仕途之门的第一块敲门砖。

孔子曰："绘事后素。"底色，恰如人生第一步，棋局第一子，影响未来走向，甚至于关乎整体布局。中国士人的底色，便是以儒家核心价值理论为本的传统文化，重道德修养，重血缘家族，关注人伦情感，崇尚家国认同。古人以"三百千"为启蒙，进而以儒家经典丰实精神思想，为做人为官打下坚实的基础。其中的《大学》篇，以"格物致知，正心诚意，修身齐家，治国平天下"为纲，更是将个人命运与国家社稷紧密地联系在一起，形成了"守家卫邦"的道义精神、社会责任与历史使命，进而促成极强的家国认同与社会黏附力。天下孩童皆以此为人生底色，认同集体为先，国家至上，他们心中之本，便为家，便是国，家为最小国，国乃千万家。他们的精神基本由个人通向家庭社会，再到国家天下，这般阶梯状的层层递进，构建出中华五千年文化的道德力量，使它具有了宏大的胸襟气度，哪怕经受外力冲击，依旧众志成城，坚如磐石。

以此底色为人生之本，千千万万的传统士人踏上漫漫征途，但都殊途同归，以不同的方式将自己投身于社会国家最需要的地方。"身无半亩心忧天下"，"天下兴亡，匹夫有责"。北宋社会积贫积弱，王安石秉持"民不加赋而国用饶"积极改革，是为"居庙堂之高则忧其民"；张居正归家养病，不愿当闲云野鹤，而志在匡时救国，书下"江湖此日空愁病，独望宸居思渺然"，此乃"处江湖之远则忧其君"。不得志时，位卑未敢忘忧国，家国有难时，便如颜真卿、颜杲卿一般奋起报国，万死不辞。千千万万的知识分子，以德求官，以忠谋政，以求人民幸福，国家兴亡，天下大同。

因有此底色为中华民族发展之根，这片土地最终未如罗马帝国那般走向四分五裂的黯淡结局，而是持续地散发光彩，如雄鸡一般昂首立于世界的东方,成为常青的民族。此乃江山社稷之幸,亦庶民百姓之幸也。

【点评】本文是专题文——传统知识分子的底色。思路结构:起:简洁引入中国传统知识分子的人生底色。承:探求中国士人的精神底色渊源,后综述此精神底色成为精神传统。转:举引左宗棠、顾炎武的言论,举证王安石、颜真卿、颜杲卿,证明论点,确实有力。合:知识分子的精神底色的价值功用。

〖学生习作4〗

谈底色
人大附中 马行之

一个作家的底色,决定着他个人的格调、作品的格局、人生的方向。选定并坚守自己的底色,是作家成功的关键。

对于作家而言,底色为何?我认为,就是作家写作的最初目的,是发内心之声、言他人之未敢言、揭露华丽之下的黑暗、营造现实之上的桃源的执念。只有抱定这样为人类带来真善美、为社会迎来改变的情怀,作家才能以一颗真挚、热诚的心去深刻地挖掘生活;以笔蘸着生命之血去书写生活、揭示生活。这样洋溢着火辣生活热情、饱含着深邃思想的文字,将会带来作家与读者两颗心的交流和激烈碰撞。这样的作品,必将在读者心上烙下深刻的印记,在文学的历史上留下浓墨重彩的一笔。选择并坚守了这样写作初衷的作家,定会在已经铺设好的正确底色上尽情挥毫,创作出不朽的文学作品。

然而,也有一些作家,或是受到利益的诱惑,或是受到生活的胁迫,在起笔时就将作家生涯的画板涂上了灰暗的底色,在它们的冲击下将对心声的坚守变成了对外部环境的迎合。偏离了纯正的底色,作品便如失去了锻造杰作所必需的至纯真火,失去了丰满、健康的情感。哪怕外壳看起来再光耀夺目,也只能如玻璃般经不起读者的审视、时间的洗礼,一触即碎,在文学史上湮没无闻。红极一时的一些网络作家,笔下写出的不是纸醉金迷的生活,便是玄幻的修仙故事,只有流于表面的辞藻堆砌,迎合读者浅层次阅读需要的苍白情节,全然不见引人深思的内容。如此作品,自然只能是一阵拂过读者心灵的无关痛痒的风，激不起任何共鸣。如此底色的作家，怎么可能获得真正的成功？

历史终将记取那些选对底色、坚守底色的伟大作家。对于鲁迅来说，只要铁屋子一日不破，只要阿Q的子孙仍在中华大地上游荡，他将永远以笔为刀，与黑暗抗争。历史也记住了他的呐喊。对于自己的底色，奥威尔说："因为我还有谎言要揭露，我还有事实要引起大家的注意。"他做到了，哪怕喉咙中的弹片也不能阻挡他发出内心的声音，让反乌托邦的思想响彻世界。文学的顶峰，永远是留给这些作家们的。

如今，我们身处新的时代，社会中少了混乱与黑暗，多了和平与光明，在这样的环境下，作家能够很容易地选对底色、坚守底色。愿每一个作家都能够为自己奠定纯正的底色，在画布上尽情挥洒，让人生的画作散发光芒！

【点评】此文是专题文，主论作家的底色。思路结构：起：开宗明义，选定并坚守自己的底色，是作家成功的关键。承：阐释作家底色的内涵，及与作家成就的关系。转：以部分网络作家与鲁迅、奥威尔进行对比，证明观点。合：提出希望。"愿每一个作家都能够为自己奠定纯正的底色，在画布上尽情挥洒，让人生的画作散发光芒！"

【小结】请注意：四篇习作均梳理结构，其主要用意是重申"起承转合"的行文章法，以利于形成自觉的写作思路。尽管"起承转合"变式多样，因作者而呈现不同的文章样貌，但百变不离其宗——有理有据。

四、见多识广——写作有路，为我所用

［展示］（北京高考）作文题目2：阅读下面材料，按要求作文。

曾国藩说："天下事，在局外呐喊议论总是无益，必须躬自入局，挺膺负责，乃有成事之可冀。"这句话引发你怎样的思考？写一篇议论文。

要求：自主立意，自拟标题，观点明确，论据充足；论证具有逻辑性，语言得体，不少于 800 字。

【解题】解题须下咬文嚼字功夫，此为审题密钥。首先，解语知意。

"天下事"：即大家的事、公家事、国家事，而非个人的事。

"在局外呐喊议论"：置身事外，或呐喊助威，或评短论长，于事总是无补。

"必须"：一定要。

"躬自入局，挺膺负责"：亲身投入，参与其中，担当责任，不计后果。如兴利除弊的王安石，禁烟抗英的林则徐，独战新疆的左宗棠，改革开放的乔厂长、田福军，科技自主创新的王选，"中国天眼之父"南仁东等。"挺膺负责"意味着勇挑重担，敢冒风险，承担后果。这样的人是勇士，他们不会只动嘴，不伸手。没有行动，就无益于事情的进展。

"乃有成事之可冀"：才有成事的希望。

其次，还需解语知人。

曾国藩：在他的倡议和推动下，中国有了第一艘轮船、第一所兵工学堂和第一批赴美留学生。以他为首的汉族地主经世派崛起，促使清地方官员中满汉比例发生变化，"外重内轻"的局面开始出现。曾国藩还创立晚清古文的"湘乡派"。他与胡林翼并称"曾胡"，与李鸿章、左宗棠、张之洞并称"晚清中兴四大名臣"。

解语知意而知人，大有益于解题的准确全面。此为解题之法。曾国藩此语关乎国家大事，天下苍生；关乎国家兴衰，立业建功。此名臣语，不可忽也。

最后，厘清几个概念；以规避偏题、跑题。

（1）实践："绝知此事要躬行""实践出真知"。此是实践与认知的关系。

（2）担当："挺膺负责"是担当，然而，若不与"局外呐喊议论"并提，不与"事功"相联系，就偏离了曾国藩的旨意。于是，就仅成了人要有担当精神，才能有所作为，利国利民，实现人生价值。

（3）空谈与实干：空谈误国，实干兴邦。此概念针对驰于空谈、空想，骛于虚声而言，空谈不干，空想不做，这与"在局外呐喊议论"相去五十里。

（4）说和做：侧重个人的言行合一的问题，这与"在局外呐喊议论"相去百里。

〖学生习作1〗

躬身入局　挺膺担当

人大附中　姜茗涵

好比一场大洪水吞没洼地上的鳞鳞房屋，而有人站在高地上兀自拍案、大声议论；好比有一堂不公的审判，而人们扒着法院外的围栏口沫横飞，伸张正义；好比一些恶性家暴事件在网上引起轰动，而旁观者则在家中找了个舒服的姿势，狂敲键盘。

看似正义，实际事不关己。苦难和灾难发生的时候，我们不需要局外人的叫嚷。

言语难以带来改变，议论与愤怒更不能摆平是非。局外的呼喊，一如纸上谈兵，终是无益于人、无补于事，不能救灾、不能扶危。如果只是发一些无关痛痒的评论，那实际上也不过是把灾难当作茶余饭后的谈资，以一个高高挂起的姿态说来玩笑，这不过是看客而已；如果借助社会舆论兴风作浪，那就是生事者；或者成为被牵着鼻子走的人群中的一员，那社会上又多了一个乌合之人。不但无益，而且可能引起消极偏激的舆论，误导大众、伤害受害者。

即便手执正义的鞭子，口嚼义愤的言辞，只要脚没踩进圈里，人还躲在局外，亦算不得忠勇之辈。有些人，以局外的呐喊当作表明自己的正义的牌子，却不愿入局出力，唯恐波及己身，或者仅仅是懒得如此而已。我们也决不能成为这样总用一副愤愤不平的嘴脸指摘天下事的批评家，管着局内的事，摇唇鼓舌，偏生又在局外明哲保身、自命高贵，站着说话、坐着看戏。这样的援助太无用，这样的声势太可笑，这样的忧愤太虚伪，这样的人情太清冷，这样的关心无关痛痒。

与冷漠的局外人相对的，则是那些躬身入局、挺膺奋战的局内人。面对天下事，他们不会空发议论、毫不作为，而是身体力行、投入其中，担当大局重任。一条转发量上万的抗疫声明背后，除了网友们的点赞和评论，还有无数逆行向前、赴鄂驰援的白衣战士，真正到前线与病毒斗争；八年脱贫攻坚战的全面胜利，绝非成就于浪潮般的口号，而是有无数如黄文秀、毛相林这样的干部楷模深入基层贫困县，站稳群众立场，扎实落实精准扶贫政策，让党的庄严承诺变为现实；小康路上，张桂梅扎根边疆、教育筑梦，赵亚夫不忘初心、科技兴农；面对粮食危机，袁隆平以保障世界粮食安全为己任，亲自下田、致力杂交水稻研发，稻菽千重，筑他的禾稻之梦。天下大事，家国大局，人应以他们为榜样，争做局内之人。

"无穷的远方，无数的人们，都和我有关。"不分局内局外，皆为分内之事。真正心系家国天下之大事者，必为之担忧；真正为之担忧者，必为之分忧。他们必不会只在局外议论呐喊，而是会躬身入局、挺膺奋战，能扛事，敢作为。

只有危难之时救局的人，才是担当有为，才能挺起民族大厦的栋梁。假若人人都有入局撑天的责任感，则天下之事，无不可为，无不可成。

【点评】本文一稿成文，成功在于解题准确。文章从现实生活现象入手，引出观点，表明立场。接着深入析理。置身事外，或是看客，或是生事者，或是乌合之众，分析具体深入。论据充分，使用排比论据，充分有力。此是一篇上乘的习作，好！

〖学生习作2〗

勇做"局内人"

人大附中　方贵君

正如曾国藩所说，天下事只有"躬自入局，挺膺负责，乃有成事之可冀"。那些真正推动社会进步的人，往往可以勇担责任，不畏风险挑战，在局内奋战，而不在局外旁观议论。我们要争做的便是这样的人。

所谓局内人与局外人，划分的标准便在于一个人是否愿意为某事承担责任，简单来说，便是是否愿意为某事承担风险。任何真正能推动社会进步的大事，一方面，其本身可能充满许多未知的挑战与风险，比如核心技术的研发与创新；另一方面，其在外部可能受到不同人各种形式的阻挠与诋毁，比如制度的改革、法律的修订，这更是一种难以预知的风险。类似多多，不一一列数。

当我们面对这样的事情时，如果我们做局外人，空发议论，不愿为此出一份力、担一份责，那么，这便无益于让事情朝着我们希望的方向发展。相反，还可能对那些真心想做局内人的人造成困扰。正所谓"纸上得来终觉浅，觉知此事要躬行"。当我们在局外对一些热点问题发表评论，提供所谓"科学"的解决方案时，我们的观点往往会具有强烈的主观色彩。这就是因为，当我们听闻到一件事、一个社会热点问题时，我们往往先会或惊讶，或愤怒，或感叹，之后便会下定结论"这一定是因为……""这又是因为……""难道不是……的问题"，进而陷入自己预先设定的理想化模型中。而当许多局外人都表达了自己的观点时，那些想做局内人的人就愈发难以分辨哪些观点是亲历者的真实陈述，而哪些仅仅是局外人的主观臆断，进而他们也就很难做出科学合理的决策和行动了。

为什么说"躬自入局"如此重要？从"躬自入局"这个行为本身看，"躬自入局""承担责任与风险"，是一个人决心和意志的表现。正所谓"世之君子欲求非常之功，则无务为自全之计"，只有不计代价、挺膺负责的人，才可能有做成大事的恒心、毅力，也只有这群人能更容易地得到同道中人的真心敬佩和支持。如果我们关注"躬自入局"行为所产生的连带效应，我们不难发现，只有"躬自入局"，我们才有机会看清事物的全貌，进而把握事物的主要矛盾和内在逻辑，为进一步的斗争做充足的准备。而不会为经媒体或舆论宣传出的、具有强烈主观色彩的事物的一小部分所迷惑。

不得不说，网络时代的到来，给我们做局内人增添了不小的难度。网络降低了普通民众发表意见的门槛，任何人动动手指便可对热点事件发表评论。这会很轻易地让我们获得"身在局内"的幻觉。网络信息传递的定向性与精确性，更会让我们得到的信息是他人"送来"的，而非我们凭理智"拿来"的。这便又让我们更难洞察到社会矛盾的本质。

我们要争做局内人，就要向我们身前的榜样们学习。中科院微电子所的黄令仪院士80多岁高龄仍坚守在"龙芯"研发中心，带领团队研发出"龙芯三号"等一系列高性能芯片，打破西方世界对我国的技术封锁。她生前曾说："我这辈子最大的心愿就是匍匐在地，擦干祖国身上的耻辱。"面对"卡脖子"技术难题，大多数人在局外盼望着他人的奋斗，或埋怨着各个机关的不作为。即使自己有能力，又有几个能像黄院士一样，愿意将一生奉献给芯片研发事业呢？

顾炎武指出"保天下者，匹夫之贱与有责焉耳矣"。我们应继承从古至今读书人极强的社会责任感与主人翁意识，在新时代勇当局内人。

【点评】议论文以议论为主，本文议论不浮于表面，而是鞭辟入里，做具体深入的剖析，虽逻辑不十分缜密，但分析合乎事理，已是难得。行文随自己的思路走，步步深入，自然为文，是这篇作文的优点。

〖学生习作3〗

躬自入局

人大附中　侯妍伊

莎士比亚曾说："世界只是一个戏台。"此言不错，想要演好人生这出戏，把握时机再躬自入局是必不可少的一环。

躬自入局，始于躬也，行其事、投其心、献其身于局中也。天下事即为大家的事、众人的事。干好天下事，便意味着挺身入局，以己之力想众人之所想，解众人之所困。但"能干事"并不等同于"会干事""干成事"乃至于"干好事"。理性的入局者才是真正有担当、有才干的人。

进一步，理性意味着深入思考后的冷静选择，而非顺风顺水条件下的一味从众。鸿星尔克公司在自身亏损的情况下为河南暴雨灾情捐款5000万，这并非大势所趋，而是站立于高位视国家利益至上的温良表现与爱国信仰。海子曾言："万人都要将火熄灭，我一人独将此火高高举起"，举起的火苗终将化作熊熊燃烧之烈焰，逆流而上担大任、成大事。

躬自入局不可踌躇犹豫，不可错失时机。天下之事，入局自有风险与不确定性。置身事外，指点江山自能自卫而不至于陷入舆论之漩涡，可扪心自问，只做一个"看戏者"无法改变世界分毫，叫喊着，做一个"纸上谈兵者"终是于事无补。"事不关己，高高挂起"的态度无疑是明哲保身的逃避行为，又何以扭转道德风气，明确正确的价值观？须知"机遇是抢出来的，历史从不等待一切犹豫者、观望者、懈怠者、软弱者"。没有亲身的实践投入，终究无以承担责任、坚持正义。怯懦与软弱只能做失败者的标签，却无法成为成事者的附属品。

今日，以互联网为载体占据所谓的"道德高点"展示"个人正义感"的行为不计其数。胆小怕事、逃避现实社会的群体面对可以任意敲打的键盘却毫无顾忌，对社会的方方面面指手画脚、评头论足。"键盘侠"的正义感不是挺膺负责，而是盲目跟风、毫无社会责任感的表现。一名小学生在学校中意外车祸身亡，学校却并未第一时间协商解决，其家属无奈去学校拉了横幅要求赔偿，网络舆论却认为孩子母亲妆容精致，如此行为只是为了讹钱。"按键伤人"最终造成孩子母亲不堪舆论压力，从24楼纵身一跃的悲剧。试问社会正义感何在？此类躬自入局怎能称"侠"？躬自入局意味着见义勇为，而非见义勇"言"。躬自入局亦要注意分寸，把握尺度，心存衡量是非的标尺，明理方见侠气。

当下，我们要做的是躬自入局的同时心系家国天下。唯其如此，才能赓续国家的未来，向上、向善。鲁迅曾经期冀："愿中国青年都摆脱冷气，只是向上走，不必听自暴自弃者流的话。"正是这份热血，助百年前的万千青年停笔离案，走上街头为祖国所受屈辱发声；百年后的青年又何尝不是像火炬般生生不息，将这份精神传承下去？躬自入局，创造新的辉煌，以洪亮的声音回应毛主席：苍茫大地，我们青年主沉浮！

成为一个入局者，而非一个观望者；成为一个捍卫道义者，而非一个利己自保者。天下事是每个人的分内的事，是应倾尽全力投入的事。

【点评】本文引用颇丰。毛泽东、鲁迅、莎士比亚、海子等，使文采增色。读书记忆，积累丰厚，学以致用，此当效法。

板书提要

第七讲　人生事理类写法讲析

一、命题特点

特点：针对人们生存、生活中的事情、道理发表议论

二、审题立意

审题：辨真假　正善恶　析美丑

立意：明理传道　授业解惑　格物致知　诚意正心　修齐治平

高考考场作文复盘文一瞥

[展示]（北京高考）作文题目：阅读下面材料，按要求作文。

今天，众多2000年出生的同学走进高考考场。18年过去了，祖国在不断发展，大家也成长为青年。

请以"新时代新青年——谈在祖国发展中成长"为题，写一篇议论文。

要求：观点明确，论据恰当充实，论证合理。

【解题】在大行小我的今天，我给这道北京高考的作文命题点个赞。在考场上，18岁的学子梳理、思考、书写关于自己成长与祖国发展的关系，是很有意义的事。或许有人说："这是让学生往一个角度上立意，学生发挥的空间较小。"这话也有一定的道理，但是，同样也阻碍不了有家国情怀、有学识文采的学子们真诚倾诉和激情表达。在都不跑题的情况下，看谁有真情实意，看谁积累丰厚，看谁腹有诗书，看谁文笔雄健，区分高下不是更明晰、直接吗？在阅卷时，谁虚情假意喊口号，谁文章干瘪无内容，谁胸无点墨无文采，阅卷老师一目了然。所以，就高考选拔功能上讲，这道题能称其职。更重要的是，在个人成长与祖国发展之间，新时代的新青年该怎样认识自己、服务祖国、实现价值，这是走近成人门的学子们无可回避的人生课题。需要用行动作答，不只是用笔。立德树人，不止于课堂，也在高考考场上，更在学校大门之外⋯⋯

〖高考复盘文 1〗

新时代新青年
——谈在祖国发展中成长

人大附中　沈喻非

随着时代的巨轮飞速运转，中国的历史翻开了崭新的一页，一代又一代的青年满怀壮志，在祖国发展中成长为中流砥柱。如今，世界已迈入二十一世纪，时代之机渐渐浮现，我认为，新时代的青年，应以祖国发展为自己成长的目标。

青年，作为一个时代的生力军，肩上扛的是使其国家兴旺发达的重任，他的成长阶段是他人生中的黄金时期，当青年以祖国发展为自己成长的目标时，我们就不必担心他价值取向的形成。更进一步，在未来，甚至能够期待青年突破小我，适应祖国发展，走向为人类进步而奋斗的大我。我们不可否认，以祖国发展为成长目标的青年，在其成长的道路上，必会遇到艰难险阻、奇绝山谷、风鸣林吼，而如果他以祖国发展为自己成长的目标，他的夜空仿佛就有了一颗高悬天幕中发出耀眼光芒的北极星，指引着他不断前行，即便路遇挫折，重担也不能将他压倒，困苦也不会将他击垮，伟大而雄壮的目标将是他抵御不安的坚挺堡垒。这个为祖国发展而成长的青年，必将终身因奉献而幸福，实现自己的人生价值。

回望滔滔历史长河，以祖国发展为自己成长目标的青年不可胜数。侧耳聆听，我们仿佛能够听到鉴湖女侠"四面歌残终破楚，八年风味徒思浙"的痛苦吟哦；能听到西南联大的学生们高歌"抗战，建国，都要我们担当，都要我们担当"；能听到周总理那句掷地作金石声的"为中华之崛起而读书"；能听到毛主席在湘江水畔宣传马克思主义时那忧国忧民的呼喊……正是这些一代又一代有志有识有勇的青年，用肩扛起祖国发展的重任，是他们人生的华章，为我们后辈创造出如今的美好。

"白首壮心驯大海，青春浩气走千山。"凝视当下，新时代的中国社会海晏河清，经济飞速发展，青年以祖国的发展为自己成长的目标更具有高度的时代价值。以此为目标，并非要求每个青年都像危难之时将国民托举出苦难洪流的民族英雄一样，有高尚而坚定的人生态度与选择，而是需要我们谨记，在国家高速运转的同时，社会上仍有许多问题，亟待我们去解决；还有许多地方，等待我们去建设。这不仅能够让祖国更加高质量发展，对于青年个人来说，也能让我们的成长更加绚烂多姿。

青年朋友们，时代的脚步似行云水流，成长的道路要靠我们探求。莫叹息，莫停留，要思考，要奋斗。让我们背上行囊，为了祖国的发展奋力前行，在祖国的发展中茁壮成长，在属于我们的新时代为祖国铺陈绚烂而壮美的锦绣，勿让青春付水流！

〖高考复盘文2〗

新时代新青年
——谈在祖国发展中成长

人大附中 张雪琛

"白首壮心驯大海，青春浩气走千山。"当今时代，是一个具有多重身份、多重性格的崭新时代。新时代的中国青年，应当随国家一起日新又日新，不断改造自己以适应祖国的需要，承担社会交予的重任，将青春之火熊熊燃起。我们自发地进步与担当，在祖国发展中成长。

实际上，任何时代都有青年，历史上只有青春浩气正确施展的民族才能薪火相传。人类个体向来是在与集体的结合中创造着价值，与此同时，也印证着个人的意义，使人生具有更沉重的分量，从而收获个人的成长。青年，在这个充满光明与激情的年纪，应该最能体会到这种关联的意义，也应最向往这种与社会价值、国家前途相连所引发的成长。社会青年的群体成长，使得国家的巨轮在前行的道路上，获得了充足的燃料动力。

今日校园的青年学子就是明日的社会公民，只有青年在骨子里都有对集体利益的关心，对社会中每个个体幸福的责任担当，只有青年自发地愿意在祖国发展中成长，这个社会在未来才可能消除冷漠与疏离，才有蓬勃发展的空间。否则，如果在经济高速发展的同时不能培养出一代志向高远、品格刚健的青年，中华民族将很难真正崛起。

鲁迅先生的文字中，最打动我的是那句"外面的进行着的夜，无穷的远方，无数的人们，都和我有关"。他们那一代人，如李大钊、傅斯年、罗家伦、高君宇……都将自身投入轰轰烈烈的新文化大潮，用充满青春力量的肩膀，担当起国民觉醒、文化革新的重任。他们也在这场大潮中实践着自己的人生理想，创造着自己的人生辉煌，收获了高度的自信与成长。

当今时代，新发现、新技术的更新周期越来越短，中国社会经济发展的需求动力远远超出预测，中国创新潜能也远远超出想象。此时，代表中国未来的青年们显得尤为重要。习主席说："青年一代有理想、有本领、有担当，国家就有前途，民族就有希望。"这正是国家对我们的期望与召唤。作为一支绘出中国未来蓝图的道劲的笔，我们新青年理应不断发展完善自己，让自己的理想跟上祖国发展的脚步，磨炼我们的身体与精神，来日承担得住祖国发展的重任。

然而，我们也遗憾地发现，有些人有些漠视祖国的发展与个体的成长，我想这可能源于对前辈青年与集体密切联系的认知错位。对于今天的某些人来说，青春似乎就是一点点"小确幸"加上无休止的恋爱纠葛、家庭变故等情感伤痛，终日如鲁迅先生所言，"咀嚼着身边的小小的悲欢，而且就看这小悲欢为全世界"。这样，便浪费了青春的价值。青春的颜色不应是颓废冷漠的灰色，而该是朝气蓬勃的绿色，像塞罕坝新一代青年护林人一样，在祖国的绿水青山间巡行；或是烈烈扬扬的红色，像大学生"村官"秦玥飞一样，守护着祖国广袤的乡村土地。

青春是一笔不可肆意挥霍的财富，在祖国的发展中成长是我们的荣幸。立志笃行，继往开来，中国的未来在你我手中。

〖高考复盘文3〗

新时代新青年

——谈在祖国发展中成长

人大附中　安子瑜

今天，我随着众多"00后"考生走进高考考场。窗外，是不尽的绿柳，让奋笔疾书的我们也不禁情思悠悠。如今的祖国在飞速地发展，那么，她怀抱中的新一代青年，也应将自己的成长与祖国紧密相连。

请看一组熠熠发光的数字：在这个近14亿人口的国度，我们正向着"两个一百年"奋斗目标飞速前进。中国高速公路里程13.65万公里，中国高铁里程2.5万公里，中国城市轨道交通5033公里，均位居世界第一；全球吞吐量排名前十的超级大港，中国独占7席……

中国车，中国港，中国速度，中国再也不是那个一穷二白的国家了。祖国，再也不需要她的青年奔赴北大荒，奔赴东北的大油田，奉献一代代青春，去浇灌她美丽的年华。今日之青年，生在一个最好的时代。我们拥有最好的平台来发展自我，为"新青年"做一个不一样的注释。

可是，兴奋之余，我们总能听到那些令人担忧的声音。或许，是新的时代大潮中对自我价值的迷茫。今日之青年，大多不喜谈宏图壮志，倒是很满足于一些"小确幸"，对开一家小咖啡馆、小创意店感到十二分的满足；或许，是对上一个时代青年与集体联系过于密切的矫枉过正；今日之大学，培养出一些"精致的利己主义者"，一切以自我优先。于是，一个青年可以在自己的利益小圈子里风度翩翩、谈吐不凡，可以从高考开始，直到本科、研究生、博士生亮一路绿灯，却从未有一步走出过小我，人生格局中也从未有过纯粹留给他人的设计。这一切，仿佛从未改变，就像当年蔡元培讲的那样，"入法科、商科者多"，为的是权力与金钱的游戏。

新时代，最稀缺的资源是"新青年"，是那些为家国量身定制的青年。前不久的"中兴事件"不禁让我们反思，为什么一个小小的芯片就能卡住中国的喉头，我们又如何告别"缺芯少魂"的时代？答案很简单，我们需要"核心人才"，为国家发展长期贡献青春的青年。青春的选择，有两种对立的情形：为自己经营，便省力省心，而且回报率高、升值快；为家国设计人生格局，"投资周期"长，回报慢，需耐得住寂寞，坐得稳冷板凳。这就是为什么每年大学招生办都会感叹，金融管理等专业报名集中度高，而基础科学、文史哲等学科报名者少，甚至出现了北大古生物学"几代单传"的现象。然而，正是这些学科，与国家核心技术自强、文化自信等新时代目标密切相关。一个时代青年的成长，如果少了这些元素，将是一个民族乃至一个国家的憾事。

"风雨多经人不老，关山初度路犹长。"我怀念那个金子般的时代，祖国的青年奋不顾身、前赴后继，为中华之崛起抛头颅、洒热血。"面壁十年图破壁，难酬蹈海亦英雄"，这是周恩来主动担当兴邦重任的决绝；"未惜头颅新故国，甘将热血沃中华"，这是赵一曼面对祖国的需要大无畏的牺牲精神；"为有牺牲多壮志，敢教日月换新天"，这是毛泽东开天辟地的大气魄、大境界。当代青年在为青春自豪的同时，应该沉下心来想一想：祖国的未来，到底需要我们以哪种姿态参与？是小我，还是大我；是索取，还是奉献；是暗夜中燃烧，还是华灯初上时泯灭。人生的答案，该怎样书写……

一代华章，到了需要我们新青年执笔续言的时候。我们又将会为祖国、为人民，交上一份怎样的答卷呢？

【综评】特别说明：上面三篇文章，是我的学生当年高考结束后凭回忆写出来的，未加润色；我原稿呈现，未作修改。目的是能见出原文样貌。虽与考场真文有出入，但也会存其梗要。三篇作文高考得分均在一类中及以上。对于备考学子，这是很有参考价值的标杆文，有心的学子会视为璞石吧！